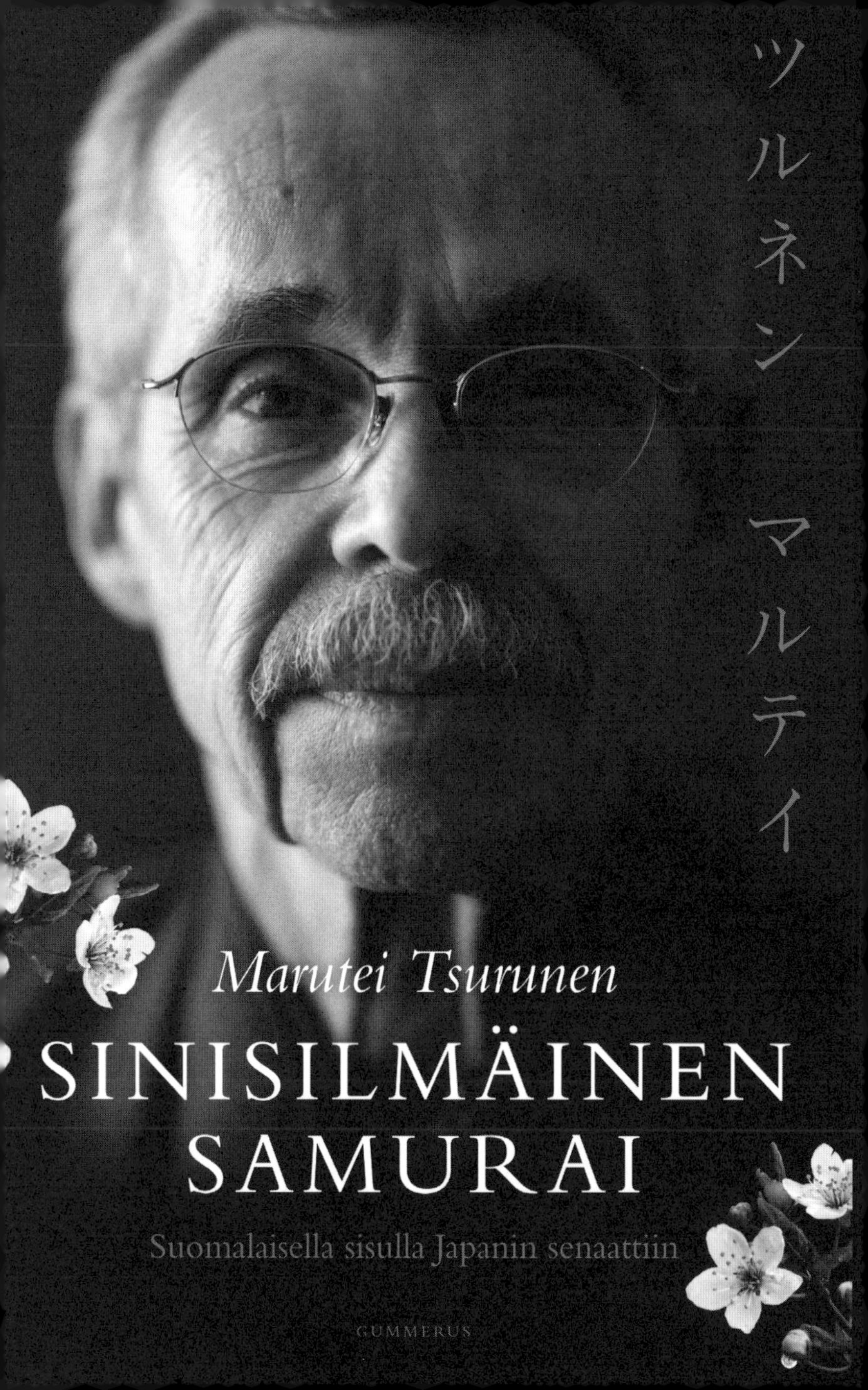

ツルネン マルテイ

Marutei Tsurunen

SINISILMÄINEN SAMURAI

Suomalaisella sisulla Japanin senaattiin

GUMMERUS

「扉」の写真：本書フィンランド語版のカバー

あなたがたを襲った試練で、人間として耐えられないようなものはなかったはずです。神は真実な方です。あなたがたを耐えられないような試練に遭わせることはなさらず、試練と共に、それに耐えられるよう、逃れる道をも備えていてくださいます。

コリント人への第一の手紙　第一〇章一三節

SINISILMÄINEN SAMURAI
Suomalaisella sisulla Japanin senaattiin

Originally published by GUMMERUS.FI

Cover photos : PETRI ARTTURI ASIKAINEN
Book design : Ryoichi Fujimaki
Special thanks : Tokiko Horiuchi

目次

使命

ツルネン・マルテイの自叙伝

序文　鎌倉での一日

二〇一七年一月。鎌倉郊外にある我が家で普通の一日が始まります。八時間の十分な睡眠をとって、早朝五時に目覚めます。外の気温は摂氏零度に近いですが、フィンランド製ログハウスの我が家では、就寝前にエアコンを切っているにもかかわらず室内の温度は二〇度です。保温性の高いログに築後八年経った今なお、満足感があります。

顔を洗って髭を剃った後にコーヒーを淹れます。こだわりの有機栽培コーヒー豆を妻と自分用に一杯分ずつ挽きます。コーヒーと一緒にフィンランド産のせんべい風「全粒粉ライ麦パン」を一枚食べます。友人がフィンランドから旅行で日本に来た時のお土産として持参してくれた品です。

コーヒーを飲みながらテレビの自然番組、あるいはクラッシック音楽を聞きます。毎朝届く朝日新聞で記事のタイトルにざっと目を通します。メインニュースはすでに前日のテレビ報道で知っているので詳しく読む必要はありません。今の私は「部外者」の立場で世界の動きを眺め、もはや関わらないようにしています。いや、部外者という言葉にはネガティブな疎外感を伴う印象があるので、正確には「傍聴者」というほうが近いかもしれません。世界の動きに対して無関心ではありませんし、文筆活動で社会参加をしながら社会に貢献したい気持ちは今もなお旺勢です。現役を退いたとしても人生に暇つぶしはありません。

人生は苦楽に満ちたものです。私は仕事ひとすじで生きてきました。苦しいことも楽しいこともその振れは大きいものでしたが、現役に一区切りをつけたあとは、積極的な社会参加から受動的な社会的関係へ、という立場になりました。社会の端で社会を傍観し、自分に用を求められたら応じるという姿勢です。自身の現状に満足し、「知足安分」を変えようとしないという信条は半隠遁者の系図に連なる者かもしれません。

コーヒーを飲み終えるとパソコンを開いてEメールのチェックをします。フィンランドと日本の時差が冬期は七時間なので、夜の間に届いたメールはほとんどがフィンランドからです。

次に、「朝の準備運動」を始めます。一五分間をかけて肩と腕の筋肉トレーニングのために軽いダンベルを持ち上げる運動と〝ブルワーカー〟（Bullworker）も使います。その間も魂を癒やすためにクラッシック音楽を流しています。それが終わると腰のトレーニングに入ります。床で仰向けや横向きになって足を交互に床から一〇秒間ずつ持ち上げ、これを数回繰り返します。以前医者に腰痛の相談をした時にこのエクササイズを教わり、試してみると優れた効果をもたらしました。六年前から始めたのですが、腰の痛みは全く消え、膝の動きも階段の上り下りで柔軟になっているのがわかります。最後のぶら下がり運動が朝の運動の仕上げです。ログハウスを建てた際、寝室ドアの鴨居に大工さんに頼んで取り付けてもらった丸棒に、一分間体重を預けます。このプログラムが終了するまでに起床後一時間が経過します。そのうち妻の幸《さち》子《こ》が起き出してきてコーヒーを飲みます。そして二人で三〇分間の朝のウォーキングに、近隣の静かな街路へ出かけます。

この時期の日の出は七時少し前で、散歩コースの途中でご来光が楽しめます。一月は晴れた日が多いので太陽と反対の西空に富士山がくっきりと見えます。白い雪に覆われた富士の頂《いただき》は朝の眩い光で黄金色に染まります。家から富士山までは直線距離にして七〇キロほど。空気が澄んだ日は朝に限らず優雅な富士山を眼にすることができます。ウォーキングの途中で犬を散歩させる隣人ともよく会います。朝の挨拶をしたりひと言ふた言会話を交わします。おそらく彼らの中にはもっと親しく交流したい気持ちの人もいるでしょうが、自発的に申し出る人は少なく、私たちからも積極的な関わりはしないことにしています。新しい人間関係はもはや我々の静かな生活に入り込む余地がないからです。

ウォーキングのあと妻は朝食を作り始めます。決まったメニューは、有機玄米、豆腐、納豆、魚と、我が家の菜園から採れる有機野菜です。私は食前の三〇分前に水を五〇〇ｃｃ飲みます。そして一日あたり二リットルの水を飲むことにしています。というのも二五年ほど前に軽い痛風にかかったからです。その原因は肉の食べ過ぎと肥満によるものでした。その頃の体重は七〇キロ、現在は六三キロを維持し続けています。水をたくさん飲むことによって尿をきれいにし、体重をコントロールすることまでできます。肉と乳製品を摂ることも基本的には止めました。大豆がそれらの代わりになります。「腹八分目」という昔の日本の知恵に従っています。

アルコールも決して飲み過ぎないよう心掛けています。このような生活習慣の改善は医科学的な教えというよりもむしろ自分の体の声に従っているように思います。

午前中を原稿書きや、タブレットにダウンロードした本を読むことに充てています。フィンランド語の原稿を書くときは午後にフィンランド語の本を読み、日本語のエッセイを書くときには日本語の本を読むようにしています。

幸子は午前中我々の二人の子ども、愛理《あいり》と多比雄《たびお》や親しい友人たちに電話をしたりメールで連絡を取ったりします。二階の別世帯に住む多比雄の妻妙子が買物などに出かけるときは、幸子が孫である五歳の芽璃《めり》の世話をすることもしばしばあります。芽璃と遊ぶことが幸子にとって日常生活に心地よい気晴らしをもたらします。

昼食後私は毎日三〇分間、昼寝をします。そのあと午後のウォーキングに出かけるまでの二時間の間に再び読書やメールチェックなどをします。仕事の能率は午前のほうが上がるため、創造力を必要とする作業は午前中にすることにしています。

三時ごろから妻とふたりでサウナ前のウォーキングに出かけます。近くの川沿い、海辺や公園など五つの異なったコースがあります。ウォーキングストックを使って一、二時間歩きます。ウォーキング中私たちはたいてい何もしゃべらず、それぞれ自分の考えに耽って歩きます。妻の考えは忖度しませんが、私の思いは過ぎ去った人生、とくに議員としての日々の中をさまようこともあります。そして時々、自分の身に起こったことがあまりにも奇跡的で、すべてが夢のようであって現実だとは思えない、という心境に至ることがあります。夢なら記憶からすぐに消えてしまいます。しかし過去の出来事を今もはっきりと覚えているので夢ではありません。私には毎晩日記をつける習慣があって書き終えた日記帳を棚に並べているので、自分が辿って来た道の長さをこの目で確かめることができます。歩きながら過去の出来事を振り返っているとき、私の心は深い平安と感謝の気持ちに満たされています。

ウォーキングから戻ると、サウナを温める準備にかかります。電気サウナなので一時間で熱くなります。白樺の枝束で作られた〝バスタ〟を水に浸し、冷蔵庫に缶ビール一本を入れ、サウナストーブの石の上で芋を焼きます。サウナに入る手筈を整えるとアイスクリームを食べます。私が唯一口にする乳製品です。

サウナ室は浴室に隣接していて、バスタブに冷たい水を張ります。その水が湖の代わりをします。サウナで体を温めたらバスタブの水中に一〇秒ほど浸かる、ということを二、三回繰り返します。そして着替え室でひと休みをしながら焼芋とコップ一杯のビールを妻と分け合って楽しみます。

サウナでは毎回バスタを使います。交替で仰向けやうつ伏せになって互いの裸の体をバスタで叩くのです。バスタはフィンランドから親友のヤーナさんが送ってくれます。彼女は私たちのために一年分三〇束のバスタを初夏に作って、秋まで乾燥させてから郵送してくれるのです。我々は一束のバスタを一〇回くらい大切に使います。使用後はサウナ室で乾かし、次の日にまた水に浸します。バスタの葉っぱは使う度に抜け落ちていき、最後にむき出しの小枝状態となったら新しいバスタに取り替えます。

サウナに入っているときも私と妻はそれほどしゃべりません。四〇年以上の結婚生活の間に互いを知りつくし、沈黙の時間を楽しむのです。

夕食を食べるときにはテレビでニュースや自然番組を見ます。私は午後九時ごろ床に就き、すぐに寝入ります。

このような日課の中、週に一回ほど子どもたちや友人に会うことで変化ができます。子どもたちの家族と外食に行ったり、または妻が家で皆のための食事を自分で作ったり、出前を注文したりします。

日本の動きと世界の動きは主にテレビで知ります。しかしそれらはもはや私の穏やかな生活に影響を及ぼしません。この点ではもはや部外者です。世界各国で起きるテロ、地域紛争、政変などは時々刻々とテレビで知ることができますが、それらは人類の歴史で昔から繰り返されているものであり、もはや私は心理的にかかずらわらないようにしています。世界を知ることは知性を高めると同時に悲しいことでもあります。

私には悩みや恐れがありません。死をも恐れてはいません。ただ、最後まで健康で寝たきりにならないように、と願っています。「健全なる精神は健全なる身体に宿る」という教えが生きる源になっています。

「議員年金をもらえる老後の生活は楽でしょう?」と訊かれることがあります。私は次のように答えざるを得ません。「確かに従来は十年以上勤めた議員に年間四一二万円の年金が支給されていました。しかしその制度は二〇〇六年に廃止されました。議員年金がなくなったので、老後に備えて少しずつ貯蓄を始めました。今は夫婦で月十数万円の国民年金と、貯金の取り崩しで暮らしています。蛇足ですが、議員に退職金はありません」。

人間関係に於いては「何事でも人々からして欲しいと望むことは人々にもそのとおりにせよ」というイエスの教えを指針にしてきました。このルールに従いさえすれば万事はすべて上手くいくのです。他人が望むことに対して望むように行う、ということと、自分が欲することに対してもそれに従うというように考えてきました。

すべての人間には生まれる前からこの世で果たすべき使命（ミッション、フィンランド語で kutsumus）が与えられている、と私は信じています。使命とは、神から個人が給わった役割と任務であり、キリスト教ではミッションを伝道という意味で使うこともあります。その使命を見出すことができれば、その人の生活環境に関係することなく幸せな人生を築くことができます。もし与えられた使命を見つけられないようなら、その原因は自分の我がままな人生観、つまり他人に対する思いやりより自己の利益を優先する精神が災いしているからではないか、と私は考えています。

輪廻転生は仏教に限らず、さまざまな宗教の教えでも語られています。死んであの世に戻った霊魂がこの世に何度も還って来る、という教えです。この世に送られるとき神はその人間の親も選ぶそうです。この世で果たすべき役割も用意されます。それぞれの魂はその人にふさわしい役割を与えます。自己に忠実に生きる人は早かれ遅かれ与えられた使命を見つけ、それに従うのです。

若い友人から「人には使命がある」ということについてもっと詳しく教えて欲しい、と言われましたが、説明しようとしてもよくある運命論になってしまうため、答えられません。神を信じる、神から遣わされた自分を信じる、というのは信仰の領域なのです。論理を精緻に積み重ねた智恵の次元ではありません。

私は自分の使命を追い続けることに長い年月を費やしました。そして多くの試練や困難のあとに神様が私に国会議員という使命を許可してくださったのだ、と悟っています。その天命は私が生まれる前から用意されていたのだと、苦労を重ねてようやく議員になったときに確信することができました。

私はキリスト教会の宣教師として日本に派遣されましたが、日本の社会に溶け込むために教会の外へ出ました。宣教師こそ辞しましたが、キリスト教に基づく信仰は今でもずっと私の精神的な礎になっています。

私にあと何年の生命が与えられているかは分かりませんが、死ぬときまで天命から離れず生き続けたい、と思っています。

第Ⅰ章

ヤーコンヴァーラ村から日本へ

ツルネン家は1男4女の家族構成。
末娘がまだ生まれていない1947年の写真。

故郷はヤーコンヴァーラ村

私は一九四〇年四月三〇日、フィンランドの北カレリア地方にある片田舎のホントンヴァーラ村で、父ヴィッレ・ヘイッキ・トゥルネンと母アイリ・エステリの長男として生まれました。姉のアニヤが私よりも一年半前に、ライヤ、シルヤ、ピリヨという三人の妹たちがその後家族に加わりました。母によると、私が生まれた日は積雪がまだ一メートルも残る冷たい雪景色の浅い春だったそうです。

一九四〇年三月、ソビエト軍侵攻を守り抜いた「冬戦争」が終わったときに一時帰宅した父は、翌年の「継続戦争」（独ソ戦争の勃発に起因した戦争）で再び戦地へ赴かなければなりませんでした。その継続戦争が一九四四年に終わって私が四歳になったときにようやく父は帰還し、元通りの家庭生活が始まりました。それまでどうやって父親抜きの生活ができていたかについて、はっきりとした記憶がありません。母によれば食べ物は借家の小さな畑から採れたジャガイモや痩せた作物だったそうです。

母から聞いた話の中で、戦争の恐怖として記憶に深く刻まれていることの一つが、ソ連軍のパルチザンが隣の村を攻撃しすべての女性と子どもたちを虐殺したことでした。その恐ろしい事件を耳にした母は、姉と私を連れて故郷から八〇キロ離れたリペリという町で雑貨店を経営している弟の家に逃れました。私のアルバムには、その店のテーブルの上に二歳の私が座り、後ろに母が立っている一枚の写真が残っています。幼い頃の私自身の記憶はヤーコンヴアーラに引っ越した五歳の後から始まります。ホントンヴアーラからヤーコンヴアーラまでの距離は約七キロで、当時は狭い馬車道しかなく引っ越し荷物はすべて馬車で運ばれていました。自動車道が造られたのはそれから一〇年後のことです。

戦後の生活はフィンランドのほとんどの地域と同様、私たちも貧しいものでした。両親はヤーコンヴアーラで二ヘクタールの森林を購入し、そこに二部屋の小さい簡素なログハウスを建てました。その後国策として、兵役経験者には農業を経営するための森林が与えられたので、我が家も新たに二〇ヘクタールの森林を取得しました。家の周りを少しずつ開墾して広げた畑は四ヘクタールになりました。小学生時代は牛二頭、馬一頭、豚、羊や鶏の家畜の世話が子どもたちの仕事でした。父にとって夏場は母や私たちと一緒に畑仕事に加わるのですが、冬場に林業で働くことが収入を稼ぐための唯一の手段でした。我が家はまさに戦後の小さなパイオニア農家の生活でお金は常に不足していました。食材はあい変わらず自分の畑から採れるジャガイモ、野菜、乳製品と家畜の肉などでしたが、コーヒーや砂糖、衣類などには現金が必要で決して十分な収入額ではありませんでした。私は一〇歳の頃から農業に関わるあらゆる作業に従事しました。夏は鍬を手に新しい畑を開墾し、秋の主な仕事の一つは冬用の薪割りでした。

しかし貧乏な生活であっても、ヤーコンヴアーラの子ども時代は大自然の中で愛に満ちた暮らしであった、と懐かしく思い出されます。大地は我々に年間を通して絶え間ない祝福と援助を与えてくれたのです。

当時ヤーコンヴアーラでは二〇軒ほどの小農家に約百人の村人が住んでいました。村では一～七年生の小学生が三〇名ほど一緒に、一つの教室で机を並べていました。教師も一人で同時に全学年の生徒たちを教えました。先生は生徒にそれぞれ練習問題を与え、机の間を回って指導しました。私が八年生になったとき、生徒が二人しかいなかったため七キロ先のホントンヴアーラ村の小学校へ歩いて通うことになりました。当時の義務教育は八年制で、高等教育を志望する生徒は小学校に四年、中学校へ五年通うシステムです。

私は一〇歳から教会の少年団やボーイスカウト活動に参加し始め、最初のうちはヤーコンヴアーラで、のちにはピエリスヤルビ教区全体の地域までに活動範囲を広げました。ボーイスカウトのキャンプに参加することで農業の仕事から一時的に解放され、ボーイスカウトのリーダーたちからは自然の神秘などについて学ぶことができました。

幼い頃、私たち子どもに向けられる父の怒りっぽい性格を母も私たちも強く恐れていましたが、父の厳しさが私たちを立派な人間に育てるための教育方針であったことに後々気づきました。

我が家の食事習慣の一つが、予め各自の皿に盛られた食事を必ず残さずに食べることでした。ある日の夕食で「美味しくないから全部は食べたくない」と私が言うと、父はそれを黙って聞いて「分かった。残しても構わないが、その罰として明日から三日間あなたは一切の食事をしてはならない！」と言いました。父はその命令を最後まで守り、私はその三日間を水しか口にすることができませんでした。母はその罰を厳し過ぎると考えたようですが、夫の教育方針に抗議できませんでした。

三日後ようやく食べ物の割り当てを貰えた私に父が問いかけました。「食事の味はどうですか?」「美味しいです！」空腹の私の舌は一切れのジャガイモをこの上なく美味しく感じました。この教訓から私はそれ以降、食事を残すことがなくなり、今でも妻や他の人が用意してくれた食事の味を批判することはありません。現代の母親たちの中には家庭で子どもの好き嫌いを認め、各自の好みに合わせて別々に食事を用意する家庭も少なくないようです。このような教育方針は、私には理解できません。

私の子ども時代、家では父と母の異なった人生観が夫婦喧嘩の主な原因でした。父は宗教や信仰については一切語りませんでした。おそらく彼にとって信仰は人生観の礎ではなかったのでしょう。

オリンピックが一九五二年にヘルシンキで開かれたことを契機に、家には乾電池式ラジオが導入され、父にとってラジオを聞くという新しい楽しみができました。彼はスポーツ番組だけでなくダンス音楽も大好きでした。その頃土曜日の人気番組の一つが視聴者参加型のリクエスト曲番組で、そこでは讃美歌のほかにポップス曲なども多く流れていました。母にとってはすべての世俗的な歌が罪であって、そのような音楽を父が聞いている間、母はいつも家の外へ逃げていました。

「ダンス」も流行っていました。ヤーコンヴアーラ村にはシンプルな屋根と床を敷いただけのダンス場が二つありました。家から二〇〇メートルの坂を下った場所に労働組合のダンス場があり、春から秋にかけて土曜日曜の夜にはいつも、ダンスのイベントが行われました。ダンス場からの音楽とアコーディオンの音は家まで響き、それは母にとって苦々しい音でした。

スポーツ協会のダンス場は坂を上ったところにあってその騒音も家の中に入って来ました。父はどちらのホールにも行きませんでしたが、家の窓を開けて音楽を楽しんでいました。

母は信仰深いクリスチャンでした。我々子どもたちに夜の祈りを教え毎晩一緒にお祈りしたものです。「主の祈り」や「信仰告白」を暗記させられました。ラジオが家に入った後は日曜礼拝のラジオ放送を家族そろって聞くことが週末の日課になりました。父も一緒に黙って座って聞いていました。

私の信仰の成長には母の影響がきわめて大きかったと思っています。それを心から有り難く感じています。その信仰のお蔭で教会の活動に参加するようになり、のちに宣教師として日本へと導かれた、ともいえるのです。

父と私の不一致の主な原因は将来の職業に対する考え方の違いでした。父と母が繰り返し言ったことは、将来的に私が家の後継者になるのでその仕事に小さいうちから励むべきだということでした。しかし私は一生ヤーコンヴアーラに留まって農業や林業の仕事で生計を立てようという気持ちが全くありませんでした。ヤーコンヴアーラは私にとって狭い世界でした。もっと広い世界に飛び出していきたかったのです。小学校の図書棚には児童向け冒険旅行シリーズの「青いリボンの本」が揃っていたので、そのすべてを読みました。シリーズのある一冊に、アフリカ大陸未踏の地へ赴いてキリスト教の奉仕活動に従事するドイツ人宣教師シュバイツァーの伝記がありました。鮮烈なイメージが焼きつき、それからというもの、学校の図書館に通い詰めてアフリカに関する本を読み漁りました。

夢を実現させるための第一歩は、村から三〇キロ離れたリエクサ町の中学校に入ることでした。当時の教育システムでは小学校四年生のあと五年制の中学校に移ることが可能でした。ヤーコンヴアーラ村から中学校に入った生徒はたった一人の女の子だけでした。彼女は平日リエクサの町に滞在し、週末や学校の休みには村へ戻って来ました。彼女が心底、妬ましかった。

私が中学校への進級を父母に願い出たとき父は直ちにその夢を潰しに掛かりました。「学校教育はお金持ちや高い階級の人のためにある。あなたには小学校の義務教育で十分です。畑を耕す、また木を伐採するために余分な教育は無用です。あなたを教育するためのお金も我々にはありません」母は少し違った考えを持っていたようですが、このときもまた父の意思を変えることはできませんでした。母は若い時代にヘルシンキでメイドの仕事をしていたので父より広い世界を見てきたのです。母は少し経ってから私に中学校の科目を通信教育で勉強することを勧め、父はそれにしぶしぶ同意しました。

故郷を離れる

三年後に中学の主要科目を通信教育でやり終えたとき、勉強の継続を突然中止することになりました。ピエリスヤルビ教区の青年指導者が辞任するので、その交代期間の二カ月間を代理で働くよう頼まれたからです。私はそのときすでに彼の下でヤーコンヴァーラの少年グループを指導していたので彼は私をよく知っていたのです。そのとき私は一六歳でした。その仕事を引き受け、リエクサの町で教会が用意した住まいに引っ越し、自転車で教区各地の少年グループの指導に回りました。資格を持っている新しい指導者が見つかるまでさらに七カ月の延長も頼まれました。父は当初反対をしていましたが、私が給料の半分を家に渡したことで賛成に回りました。

この時点で私は探検者としてアフリカへ行くことをいったん諦めていました。高校を卒業していないので大学へ入ることもできなかったからです。しかしそうこうしている間にアフリカへ行ける新たな可能性が見えてきました。アフリカで活動している宣教師たちがフィンランドに一時帰省し、活動報告会で各教会を訪問していたので彼らに会う機会がありました。彼らの大半は牧師でしたが、中には医者、看護婦、エンジニア、そしてディーコン（教会のソーシャルワーカー）もいました。ディーコンは大学卒業資格が必要ありません。私にもアフリカへ渡るチャンスが見つかったのです。それを目指してまずは西フィンランドにある「カルク市民アカデミー」で一年間勉強することを決意しました。このときにさすがの父も私を農家の跡継ぎにすることを諦めてくれました。

ある日教会の新聞で、西フィンランドにあるキュロとアウラという小さな教会が共同の青年指導員を募集する広告を見つけました。さっそくその仕事に応募し採用されました。両教会には一八歳から二年間勤めました。教会には少年少女のスカウト団体があり、そのグループを指導することが私の主な任務となりました。

キュロは私の最初の妻であるビリピ・ソベリとの出会いの地となりました。彼女は小学校教諭をしていた母親と一緒に暮らしていました。キュロへ赴いた最初の年、ビリピは高校三年生で、大学へ進学するために「共通一次試験」の準備をしていました。彼女はガールスカウトの活動にも積極的に参加していたので、私たちはその活動を通じて知り合いになりました。私は彼女を一目で気に入りました。彼女のおしとやかな笑みと爽やかな雰囲気が好きになりました。半年も経たないうちにデートに誘うと彼女はためらいなく受けてくれました。さらに半年後にプロポーズしたときも快く頷きました。ビリピの母も賛成してくれて、一年後キュロの教会で結婚式を挙げました。私が二一歳、ビリピは二〇歳でした。ふたりとも神の導きを信じアフリカへ宣教師として行きたいという共通の夢を持っていました。

　ビリピはヘルシンキ大学で神学の勉強を始め、私はヘルシンキ郊外のヤルベンパー市にあるルーテルカレッジの三年間のソーシャルワーカーコースに入りました。ヤルベンパー市に住み、その間に二人の女の子、パイビとシニが続けて生まれました。カレッジの学費は無料、生活費は学生ローンに頼りました。ローンは五年間支給され、子どもが生まれると返済額は減額されるシステムでした。

　一九六四年、私は晴れてディーコンの資格を得て、ヘルシンキにあるキャプラ教会の職員となりました。ビリピも二年後に神学学士の資格を取得しました。これでふたりともアフリカへ宣教師として渡れる資格を得たのです。ところが運悪く宣教師協会の派遣試験に受かった直後に、宣教の地である南アフリカの治安が悪くなり、新規の派遣は当面見送られることになってしまいました。政情の回復を待ちながらすぐにでも行けることを期待しつつ、私はキャプラ教会での仕事を続けていました。

広い世界への憧憬

　ある日、ぼんやりと教会の新聞に目を通していると「フィンランド福音ルーテル協会」が日本へ派遣する新しい宣教師家族を募集している広告が目に入りました。それはアフリカ宣教への足止めを受けて悶々としていた私にとって、思いも寄らぬ吉報に思えました。日本への伝道を申し込もう！　この閃きに私の緊張と興奮は極限に達して頬が燃えるように熱くなったことを今でも覚えています。ビリピを呼んでこの突然の思いつきを告げました。「これはきっと神様からのメッセージです」と。ビリピは洪水のように堰を切って流れる私の言葉を数分間黙って聞いた後、静かに答えました。「お祈りに対する答えであると私は信じます」

直ちに「福音ルーテル協会」の会長であったラベリ牧師に電話をかけて面会を求めました。翌朝の六時には彼の事務所で会う運びとなり一時間の話し合いの後、数日も経たないうちに派遣申し込み書類をルーテル協会の本部へ送ることになりました。そして、一週間後に受け取った派遣決定の書面にはビリピと私の名前がしっかりと書かれていました。

半年間の宣教師セミナーの訓練のなかで日本の文化や宗教などについて学びました。主な宗教には仏教と神道があり、クリスチャンは人口の一パーセントしかいないことも知りました。東洋と西洋文化の融合によって日本がユニークな文化を築き上げていることも分かりました。テレビなどのマスコミを通じて、日本が工業国家として発展し、世界市場へ多くの機械、カメラ、腕時計などを輸出していることは以前から知っていましたが、私の日本についての知識はその程度でした。

どうして長い間の念願だったアフリカ行きを突然に断念し、不意に日本を新しい使命の国として選んだのだろうか、ということについてその後も度々考えました。私がどんなときにも神様からの導きを信じて待っていたことによるのかもしれません。「人間は計画を立てるが神様が判断を下される」とは、母が繰り返し述べていた言葉です。前述したように、すべての人間は生まれる前から出生後の世で果たすべき役割が用意されている、と私も信じています。私の希望は当初アフリカでしたが、神様は異なった判断を下してアフリカへの道を閉ざし、日本への道を提示されたのだと思います。

神の導きを信じる信仰は、その後も私の人生のあらゆる局面において知恵と力の源になりました。

しかし純粋な信仰とは別に、私を突き動かした一途な動機は、狭いヤーコンヴァーラ村からもっと広い世界へ、遠い外国へ行ってみたいという願望だったのでしょう。宣教師として派遣されることには経済的な条件も揃っていました。というのも「福音ルーテル協会」は宣教師の訓練や家族の外国での生活にかかる総コストを保障をしていたからです。のちに私はこの経済的安定という身分に苦痛を感じて宣教師を辞任することになりました。それについては後述しますが、一般的な日本人と同じ条件の下で生活をしなければいけない、と思ったのです。

ともかく少年時代からの夢想は意外にも早く実現することになりました。

一九六七年六月、私たち家族はフィンランド中西部のセイナヨキ市で行われた伝道祭りの三万人の信徒の前で宣教師になる就任儀式を受け、その後すぐにフィンランドを出発しました。

就任式のスピーチでレヒティネン主教牧師が述べられた言葉を今でもはっきりと覚えています。「神様はあなたを重要な任務に選びました。その任務を果たすために必要な知恵と力も与えられます。イエス様はしばしば自分をよい羊飼いに喩えました。そして羊である人間を羊の囲いに招きました。なぜ招いたかをあなたは考えたことがありますか。獣から守るためだったでしょうか？　そんな理由もあったでしょうが、それは主な理由ではなかった。なぜならば羊たちをそこから再びオオカミの群れの中へと放ったからです。その囲いの中ではまず彼らに不思議な力、獣と闘える力を与えたのです。宣教師の生活の中でこの喩えは必ずや現実になってきます。イエスが与えた聖霊なしで宣教師が働くことは、獣と戦う力を持たない羊がオオカミの中で生きることと同様に不可能なのです」

このレヒティネン主教のスピーチには、私が日本で仕事を始めてから気づいた思いも寄らない意味深い言葉が潜んでいました。それは「あなたたち」ではなく「あなた」という呼び掛けでした。宣教師の任命を受けたのは私のみで、ピリピは一家の母親として私に付いて行くだけでした。もちろん彼女は教会の奉仕活動などにボランティアとして参加することはできましたが、宣教師という公的な立場ではありませんでした。この母と妻としてだけの役割が、私たちの結婚生活の間ずっと彼女にとって精神的な圧迫になっていくことになります。彼女はその限定的な役割から解放されることはありませんでした。ピリピには神学士の資格があったので独自に宣教師を務めることができたにもかかわらず。そのことで彼女が私に不満を漏らしたことは一度もなかったのですが、この問題はのちに私たちを離婚に導く一つの要因となりました。

短期語学留学でミシガン州へ

「福音ルーテル協会」はまず英語の追加レッスンのために私たちを半年間アメリカへ派遣しました。宣教師たちの会合では日本でも英語を使う必要があったからです。私はアンアーバー（Ann Arbor）市にあるミシガン大学で一五週の英語コースを受講し、ビリピのほうは子どもたちの世話をしながら家で個人レッスンを受けました。トータル半年のアメリカ滞在は大きな困難もなく過ぎ、英語の勉強に加えフィンランド以外の世界を生で体験することができました。

アメリカという新しい環境の中で三人の幼子を抱えながら勉強をする暮らしを首尾よくできたことを、あとで不思議に思ったことがあります。始めのうち私はしばしば精神的な疲労を感じて期待したほどにこの新生活を楽しむことができない時期がありました。ビリピのほうが私より新しい環境に順応していました。私がストレスから子どもの泣き声にイライラしたときも彼女は我慢強く対応し、私は彼女の姿を見て信仰心に立ち返りました。アメリカ滞在の間に書いた日記を読み返してみると、やはり神の導きを信じることが一番の精神的な支えになっていたことがよく分かります。その信仰は今もなお私の生きるための礎となっています。

一九六七年のアンアーバー市に滞在中、深刻な人種差別問題に遭遇したことがあります。デトロイト市では七月に人種問題を巡って大規模なデモが起きました。黒人たちが労働環境や給料の改善を要求しましたが、政府がそれに応じなかったので彼らの不満が爆発し、店の窓を壊して物を奪ったり、建物に火を付けたりしました。暴動によって四三人が殺され、三四二人が重軽傷を負い、一四〇〇軒の建物が焼かれました。ある知り合いの白人家族がテロの現場跡を見せるために我々を車で三〇分のデトロイトへ連れて行ってくれました。彼は黒人を厳しく中傷し「黒人たちは自分の身分や立場に満足すべきだ」と言いました。

彼の考え方は非常に人種差別的であると思いましたが、私は彼の意見に反論することを我慢しました。しかしミシガン大学キャンパスでの人種差別は特に目立つことなく、皮膚の色を問わず皆、共に勉強することができました。

一九六七（昭和四二）年一二月、日本へ

一九六七年一二月二三日、羽田国際空港で初めて日本の地に足を踏み入れたとき、天気はあいにくの雨で、冷たい風が絶え間なく顔を撫でていきました。着陸前、機体の窓から富士山が見えるのを期待していましたが、暗くて重い雲がその優美な形を包み隠していました。それで

も到着日の悪天候が希望に満ちた我たち家族の心を憂鬱にさせることはありませんでした。

空港のロビーで池袋教会のウシマル牧師とフィンランド人宣教師たちの主任を務めていたペンッティ・カリコシキ牧師が私たち一家を出迎えてくれました。「ようこそ日本へ！　新しい生活があなたたちをここで待っています。最初はいろいろな困難にも遭遇するでしょうが、できる限りお手伝いさせていただきます」ペンッティ牧師がにこやかに握手をしながら言いました。経験豊かな同僚の言葉に勇気づけられ、新しい環境のなかでも一人で頑張る必要がないのだと分かりました。

ウシマル牧師の英語の歓迎挨拶の言葉には日本人特有の気遣いがありました。「日本はあなたの働きを待っています。しかし急ぐ必要なんてありません。まずは環境になれることと、言葉と文化に親しくなることが大切です」

私も荘厳な言葉で応じました。「神の助けによって私に与えられた使命を果たすために全身全霊を尽くすことをお約束します。挫けないですべての困難と闘い、死ぬまで日本に留まる覚悟を持っています」

ビリピが私の挨拶のあとに子どもたちを紹介しました。五歳のパイビ、三歳のシニと一歳半のヨウニ。フィンランドの習慣なら女性が先に紹介されるべきですが、男性優位社会とされている日本に来た以上順番も男性が先になったようです。すでに一〇年も日本で暮らしているペンッティは「郷に入っては郷に従え」という慣習に染まっているのか、違和感はなかったようでした。

私たちに用意された住居は羽田空港から二〇キロ離れた東京の大きなビジネス街の一角である西池袋にありました。車で二時間以上走ったので、いきなり東京の交通事情を体験することになりました。道路の両側には家々や高いビルが所狭しと建ち並び、ビルの谷間の木々の緑はほんの少ししか見えませんでした。

車の中で長い時間があったので、いろんな話をしました。「車がこんなに混雑している道路で運転するのは大変でしょう。道路標識もすべて日本語なので運転できるようになるまでにはかなり時間がかかったでしょう」上手に運転するペンッティに声をかけてみました。「見るより簡単です。日本人の運転は丁寧で上手だし、スピードも遅いので大きな事故はそれほど起きませんよ」とペンッティは明るく説明しました。

そのときから五〇年が経過した現在までさらに多くの首都高速道路が作られましたが、東京の道路網は依然としてどの主要道も混雑しています。朝夕のラッシュアワー時の渋滞はとりわけひどく、また週末や祝日の午前は都民が郊外へドライブに行くので平日と同じように渋滞します。車の数が大幅に増えたことも渋滞の一つの原因です。五〇年前の日本では約八〇〇万台だったのに対し、二〇一五年は八〇〇〇万台を突破しています。

住まいは池袋

二年間の住まいとして教会が用意してくれた家について、私は少なからずがっかりしました。池袋教会の横に建った西洋風の古い二階建て家屋でしたが、その端にはわずかばかりの庭の先に日本人牧師の家も隣合わせで建っていました。敷地は高い煉瓦塀に囲まれ、塀の外には日本風の家々が同じく狭苦しい塀に囲まれていました。周りの家々からすべての柵を取り外せばどんなにか東京の街が広々と見えることだろうと、当初は考えていました。しかしそのうち家を囲む塀が実際には壁の役割を果たしていることに気づきました。壁は都会の密集から家族にプライバシイを提供し、狭い庭も日本家屋とは切り離せない重要な一角で、数坪というわずかな空間が都会の人たちに自然との小さな共生を与えていたのです。

私は、最初からすべてを日本式でやりたかった。日本風の家に住み、日本料理だけを食べ、日本人と同じ生き方をしよう、と。教会が用意した住まいを短絡的に批判することはよくないと考えました。そこで、すべての宣教師たちは西洋風の家に住んでいるのかと尋ねてみると、「大半はそうです。少なくとも始めの数年間はね」とペンッティが私の考えを見透かしたかのように答えました。「カルチャーショックを少しでも和らげるためです。もし最初から住まいまで日本式にすると、生活も気持ちも窮屈になり、そのうち日本がいやになってしまいます」

ペンッティの意見は正しかったかもしれません。しかし私は中途半端なやり方を認めたくなかった。すべてを徹底的にやり抜くことが私の姿勢でした。たとえば子どもたちの教育も日本の学校で学ばせたいと考えました。多くの宣教師たちは子どもを英語で学ぶ私立のスクールに入れるのです。日常の食生活も日本食と決めました。私のこのような頑なな主義主張は、やがて周囲と大きな齟齬を生むことにも繋がり、折衷する苦労を背負う羽目にもなりました。

生活の基盤づくりは思ったよりも大変でした。特にいろいろな手続きの作業にはペンッティとウシマル牧師の手助けが必要でした。すべての書類を日本語で書かなければならない。外国人登録証明書、銀行口座の開設、日本語学校への入学手続き、子どもたちの幼稚園入園、新聞や牛乳の配達を頼むこと、数多くの公共料金支払い手続き、たとえば電気、ガス、水道、灯油などなど。また必要な品物を買うために適切な店を見つけること、ごみ収集のスケジュール、古新聞をいつ門の外に出すのかなどなど。

また池袋の日常ではいろいろな雑音がひっきりなしに入ってきました。教会の近くにある寺の鐘楼の音と読経の声。玄関先から聞こえてくる一日数回もの「ごめんください！」という呼び声。財布と印鑑をもって玄関を往復し毎月の新聞代、牛乳代、電気代などの集金人に応えます。この様々な料金をなぜ銀行振り込みにしないのかと訊いてみると、それは主婦アルバイトの重要な収入になる仕事だからとペンッティが説明してくれました。

通りからは一日中大きな声が響いていました。様々な品物を売り歩く商売人が手押し車を押しながら大声で行商していることを告げます。焼き芋、豆腐、物干し竿、包丁研ぎ、金魚売りなど。当時からの日本の特殊性ですが、多くの店舗が夜の九時、一〇時まで開いていました。サラリーマンたちが帰宅途中でビールや日本酒を飲みに居酒屋や立ち飲み屋に寄るためです。都内有数の繁華街池袋の街は午前零時頃になってようやく静かになったものです。それから五十年が過ぎて、二四時間営業のコンビニエンスストアは日本中のいたるところで乱立し、都市圏はどこも不夜城になってます。東京に夜というものは基本的には存在しません。

住まいは西洋風だったものの、日本の生活に馴染むことにそれほど大きな障害はありませんでした。なぜなら、すべての事象がフィンランドとは大きく異なり過ぎていて、ありのままを受容する以外になかったからです。そんなことよりもっと大きな問題は、文化、言葉、習慣などが違っているこの国でキリスト教を広めていくことでした。東京で暮らし始めてすぐに、この任務がきわめて難しいものになるという予感がありました。

日本語は魅力的で、かつ難しい

日本語の本格的な勉強は来日三週間後の一九六八年一月に始まりました。最初の二年間はフルタイムで日本語と日本文化の学習が用意されています。その間も給与は本国から支給されるので、私たちの生活は一般日本人の経済レベルに比べると良過ぎるほどに保障されていました。日本語学校では、言葉の勉強に加えて日本文化、たとえば歌舞伎や博物館などの代表的な伝統文化に馴染むための見学プログラムまで組み込まれていました。

私が通った日本語学校は池袋から電車で一五分の渋谷にありました。朝のラッシュ時の電車通勤も忘れられない体験です。都内の中心を回る「山手線」は早朝から夜中まで五分間隔で走っています。それでも朝晩のラッシュ時間は非常に混雑していて、電車に乗ろうとする人を後ろから押し込む係員が各ドアのところで誘導しているにもかかわらず、ホームで待っている人の一部しか到着した車輌に乗ることができません。始めのうちはその混雑を恐ろしいと感じましたが、次第にそんな混雑ぶりにも慣れていきました。その後東京は数多くの新しい地下鉄が増設されていくのですが、朝晩のラッシュ時はすべての地下鉄や地上を走る電車で今も変わらず満員状態が続いています。

日本語学校の勉強はきわめて興味深いものでした。授業は午前九時から午後五時まで、土曜日は午前中のみというスケジュールで、私のクラスには四人のそれぞれ異なった国籍や職業の生徒がいました。日本語の勉強は簡単な日常会話やひらがな、カタカナの練習からスタートしました。

日本語には三つの異なった文字があります。単語を表すために中国から入ってきた漢字があり、シラブル、すなわち音節に用いる文字にはひらがなとカタカナがあります。

多くの漢字の由来は言葉を表す絵から成り立っています。たとえば「木」という漢字は樹形を単純化した字です。「森」は三つの木が集まった表意文字です。「鳥」は鳥の姿に似ています。「川」は水が流れるイメージです。

一般に使われている漢字は一八五〇字で、「当用漢字」と呼ばれます。義務教育の九年間で学びます。当用漢字以外にも二一〇〇余りの「常用漢字」があり、併せて四〇〇〇文字の漢字が日常的に使用されています。二年間の日本語学校では一応すべての当用漢字を学んだので、学校を終える頃になると私は新聞や雑誌を何とか読めるようになり、日常会話も日本語で通じるようになりました。

しかし、漢字は組み合わせによって何十万語にもなるので、外国人が日本語の読み書きを覚えるのは本当に大変です。

私は五〇年にわたって日本語を使っているにもかかわらず、正しい読み方を確かめるためにはいまだ辞典を使う必要があります。

パソコンではローマ字入力によって比較的簡単に日本語を書くことができます。しかしながら一つの漢字に幾通りもの読み方があるので、正しい漢字を選択する能力が必要です。

たとえば、「美」という漢字には、「うつくしい」「び」「み」または「よい」の読み方があります。「美」の意味には美しい、よい、うまい、すぐれたなどがあり、美が含まれる漢字の組み合わせは少なくとも七五あります。美人、美徳、美色、美食、美酒、美景、美談などなど。「美」の由来は「大きな羊」を表しています。

外国人がこの難しい日本語を習得するのは、一生涯勉強しても自由自在になることは不可能です。もっとも日本人であっても同様のことが言えるかもしれません。

「母の宗教」vs「父の宗教」

日本に来た最初の一年間で、フィンランド文化とは大きく異なった日本の習慣や生き方をいくつも発見しました。日常生活での際立った違いは、まず男女の役割に見ることができます。日本の伝統的な習慣では、男性が仕事から帰宅すると妻が玄関先で夫を迎え、室内着への着替えを手伝い、冷蔵庫から冷たいビールを取り出して夫のコップに注いであげます。

ある日、テレビでそのようなシーンを妻のピリピと観ていたときに、冗談半分で「日本人の妻は夫を殿様のように待遇するのですね！　あなたも『郷に入っては郷に従え』の教えを習ってくだされば私は嬉しいですが……」と言ってみました。

「自分が楽をするためにそんな習慣を取り入れて欲しいというのは我儘でしかありません」と彼女は答えました。このような習慣が日本ではまだ女性の立場が弱いことを表している、とピリピは考えていたようです。

私も当初は彼女と同じ考えでしたが、日本で長く暮らしていくうちに日本女性の立場を別の角度から考察し始めました。確かに日本社会の中では今なお女性の立場は西欧に比べると弱いのですが、家庭では女性の影響力が男性より強いと分かってきました。伝統的に女性は表に出ることよりも目立たないところ、つまり男性とは次元の違うところで自立的に動いています。日本の政治や経済界では男性がリーダーシップを担っていますが、家庭や子どもの教育では女性の影響力が大きいのです。

仏教は「母の宗教」と言われています。母の宗教では、善と悪、自然と人間は混ざり合って一つの統一体として考えられています。逆にキリスト教は「父の宗教」と言えます。父の宗教では善と悪、自然と人間は分離、対立しています。母の宗教の影響を受けている日本人にとって父の宗教は心情的にも理解しにくいものかもしれません。

フィンランドでは成人の男性について「男の子は大人になっても男の子」と言われます。日本でも同様に「男の子はいつまで経っても男の子のまま」と言います。日本の男性は子どものとき、父親の男らしいサポートをほとんど受けず、精神的に母の影響を長く受けるのでなかなか成人しない。父親は家にいる時間が極端に少なく、教育を母親任せにします。子どもが反抗年齢になって母親の言うことを聞かなくなったときに、ようやく重い腰を上げて父親は教育に関わることが多いようです。しかし、そのときに強い姿勢で命令に従わせようとしても既に手遅れです。効き目がないどころか子どもの反抗心は増幅し、登校拒否や最悪時には親を殺すまでに発展するケースも出てきます。そのような家庭内暴力が近年の日本においては増加の傾向にあります。

興味深いことに、日本語には「父国」という言葉はなく、その代わりに「母国」という言葉があります。日本社会の起源が農耕と母系文化にあるからではないでしょうか？　稲作文化と滋味深い土壌の女性的役割が日本文化の礎だと言えるのかもしれません。自然を表す日本語には「母なる大地」という形容もよく使われます。自然と大地は母のように、人間を含む生きとし生けるものに栄養を与えるのです。

日本の家庭教育では母親の役割がきわめて大きく、母が特に男の子を過剰に世話するという批判が多々あります。「マザコン」という言葉が社会で定着しているほどです。男性の結婚年齢が高くなりつつある傾向の背景には、このマザコンの影響もありそうです。

独身の男性には会社勤めでありながら三〇歳を超える年齢になっても実家に同居する者がかなりいます。親元で暮らす男性の中には高等教育を受けたにもかかわらずフルタイムで働かない者も数多くいます。実家なら家賃は必要ないし、食事にもお金がかからない。一概に言うことはできませんが、彼らはセックスに対しても消極的で、気さくにアプローチするメンタリティが欠けている傾向にある。逆に、性や仕事に対して活発な女性が多くなり、ビジネス界で成功する女性も増えています。

多くの日本人男性は母親の影響力が色濃く残る性格である、と私は見ています。リーダー的な立場にある男性の中にも、独自の決断ができない者が数多く見られます。決断を下す勇気がない、ということは責任逃れで、計画が失敗したならその先頭に立った自分の責任になることを恐れているからでしょう。

但し、ここで注意しなければならないのは、すべての日本人男性がマザコンによってマイナスの影響を受けているわけではないということです。独立心が強く経済界で成功する男性もたくさんいます。彼らの母たちは息子に過剰な世話をしなかったのかもしれませんね。

ともあれ、自発性と開拓力に富む日本人が比較的少ないと私には感じられました。そのもう一つの要因に、すべての子どもに同じレベルを求める画一的な教育方針が影響しているのではないか。個人の能力や才能よりも皆と協調することが尊ばれ、個性に応じた個別的指導は決して十分とは言えません。しかしながらこのような教育の弊害にもかかわらず、日本では優れた科学者たちがたくさんいます。彼らのおかげで日本の科学や工業技術は世界で高い評価を得ています。しかし残念なことに、有能な人材に日本の国と企業が十分な経済的支援をしていないので、グローバル化が進むにつれて高い能力が外国へ流出しているようです。

日本で最初の友人

日本に来て二カ月が経った頃、一人の青年が我が家を訪ねて来ました。大倉純一郎さんです。

長野県の穂高町出身で早稲田大学の一年生でした。私にとって日本での最初の友人となり、彼との友情関係は現在も続いています。

彼は、フィンランド語を学びたいとフィンランド大使館を訪ねて私を紹介されました。以前フィンランド人のペンフレンドと英語で文通をしていましたが、フィンランドへの興味が深まるにつれてゆくゆくはフィンランドに行きたいという夢を持つようになったそうです。

私たちは、一対一で週に一回、一時間ずつフィンランド語と日本語を相互に教え合うことになりました。彼はフィンランド語を学び、私は彼から日本語に加えて特に日本人のものの考え方などを学びました。ギブ・アンド・テイクという公平な人間関係のつもりでしたが、私のほうがより得をした付き合いになったかも知れません。彼は私をいろんな場所へ連れて行ってくれました。大学のイベント、美術館、展示会などにも一緒に行きました。時には彼の友人の下宿の、狭くて古い畳の部屋にも上がらせてもらったものです。部屋の真ん中にぽつんと置かれた炬燵と、壁の周囲に雑然と積まれた本の山が当時の時代状況を思い起こさせます。

もしこのような純さんとの交流がなかったなら、東京での二年間の学習や体験はもっと味気ないものだったに違いありません。彼は私の日本社会における素晴らしいアドバイザーでした。純さんは大学時代に数回フィンランドを訪れ、その後ヘルシンキへ引っ越してフィンランド女性と結婚し、ヘルシンキのアールト大学（Aalto-yliopisto）で日本語と日本文学の教鞭をとることとなります。

来日最初の春のゴールデンウイークに、純さんは故郷穂高町の実家へ私たち家族を三日間のホームステイに誘ってくれました。白馬のスキー場にはまだ雪が残っていて、スキー体験も滞在中のプログラムで用意されていました。私たち家族が東京の外に出たのはそれが初めてでした。車窓から望む雪をかぶった山々の景観に圧倒されました。日本には高い山がたくさんあると聞いていましたが、これほど深く連なる山々の景色は想像していませんでした。フィンランドには日本と並ぶほどの高山はなく、せいぜい標高八〇〇メートルくらいの丘が北のラップランド地方にあるだけです。

純さんの実家に着くとお手伝いさんが我々を出迎え、滞在用に用意している別棟の畳み敷きの二部屋に案内してくれました。歯科医師であった純さんのお母さんは三年前に亡くなられ、内科医であるお父さんがお手伝いさんとふたりで本館の広い家に住んでいました。

しかし、純さんは「母は今もここに住んでいます」と言って、私たちをまずお母さんの部屋に案内しました。広い和室はお母さんが生きていたときのままに残してありました。部屋の中央には炬燵があり、その上にはつい今しがたまでお母さんがそこに座っていたかのように、一つの湯呑と一冊の本が置かれていました。純さんは女性の服がいっぱいに詰まった洋服ダンスの中まで見せてくれました。お手伝いさんは毎日その部屋を換気して、いつでも使える状態に保ってくれているそうです。

部屋の奥には大きな仏壇がありました。お母さんの遺影が飾られて新鮮な花が生けられていました。仏壇にはさらにご飯を山盛りにした小さなお茶碗があって箸が立てられ、水の入ったコップも供えられていました。

純さんは仏壇の前にひざまずいてお線香を灯し、私たちにもはっきりと聞こえる声でお祈りを始めました。「ただいま東京から戻って来ました。今回はツルネンさんのご家族も一緒に来てくれました。彼らは私のよき友だちです。その出会いに感謝しています。長い間ご無沙汰して申しわけありません。でも、心の中ではいつもお母さんのことを思っていました」

このような光景は日本人にとって自然な場面でしょうが、私たち家族には何とも言えない神秘的な体験となりました。彼にとってお母さんは死んでいない。少なくともあの部屋の中ではいつでもそばに居て、話しかけることのできる存在だったのです。

我々クリスチャンも先祖を忘れないために写真や記念品などを家に飾ってはいますが、日本人のほうがご先祖さまともっと深い具体的な関わりを持っているのだと知りました。先祖たちが子孫（生きている家族）の生活を見守ってくれているのだと、きっと多くの日本人が信じているのでしょう。

純さんは夕食の前にもご飯を盛った茶碗を仏壇へ運びました。食卓に戻ってきたのは一〇分後です。おそらくお母さんと話をしてきたのでしょう。彼が戻ってからようやく夕食が始まりました。

彼のお父さんとは夕食が初めての対面でした。ご挨拶は四カ月間の学習で覚えた日本語で交わしましたが、そのあとは共通の話題がなくなり、純さんの通訳を介した会話となってやや緊張した雰囲気になりました。

お手伝いさんは、食べきれないほどのご馳走を作ってくれました。日本の習慣では、お客様に用意した食べものが途切れてしまうことは失礼なことであり吝嗇《りんしょく》を意味しているので、余るほどの量を用意するのがもてなしの礼儀です。同じような考え方で、日本旅館の夕食は高額の宿泊料に含まれていることもあって、これもまた余るほどの料理が提供されます。そのため多くの料理が食べられないまま捨てられてしまいます。

もう一つ、食事のときに不思議だったことは、食器の数の多さでした。すべての料理が別々の器に盛られ一人に一〇皿以上の食器が使われました。しかも料理のすべてを一度にテーブルに置けないので、食事が進むにつれてお手伝いさんが食べ終わった食器を片付けながら新しい料理を運んできます。後片付けと食器洗いが大変だろうと、ビリピが手伝いを申し出ましたが断られました。

彼の家に着いたときは日本の習慣に従ってかなりたくさんのお土産を渡したのですが、帰りの際にはそれ以上の品を持たされました。われわれの滞在は彼らにとってかなり大きな経済的負担であったと思いましたが、それでも純さんたちが快く接待してくださったことに感銘しました。

不安を引き起こした初詣

日本で初めて大晦日を迎えた夜と、明治神宮の祈りに満ちた初詣の体験は、今でも生々しく覚えています。来日したのが一二月二三日ですからわずか一週間しか経っていないのに、ペンッティさんから日本人の宗教観を垣間見られる機会なので明治神宮へ初詣に行くのもいいかもしれない、と言われました。大半の日本人が新年の正月休みに祝福や祈願を求めて神社へ参拝に行くことは知っていましたが、大晦日の夜ふけだけで百万人以上の人が明治神宮に集まるとは予想だにしていませんでした。混雑は想像をはるかに超えた凄まじさでした。

年が明ける時間に明治神宮へ到着できるよう、午後一一時に池袋の家を出て原宿駅で電車を降りました。駅周辺はすでに人の海と化し、群衆のなかをゆるゆると進んで行くと、午前零時ぴったりに拝殿の前へたどり着きました。後ろから前へ前へと無理矢理進もうとする人混みがどんどんと押し寄せて来て、押しつぶされるかと思いました。賽銭のお金が水泳プールの大きさほどもある臨時の賽銭箱に、雪礫《つぶて》のように投げ入れられています。祈りを求める人々はその後両手を合わせて深くお辞儀をします。何とも言えない異国の風景との出会いでした。

眼前の光景を茫然と眺めていると、不意に自分が日本にやって来た理由が頭に浮かんで来ました。この人々をキリスト教に改宗するために自分は日本に派遣されたのだ。キリスト教という宗教の伝道が私に託された任務である。言葉による伝道は牧師の資格を持った宣教師に任せるにしても、私の任務は社会福祉の分野で困っている人々を助けることなのだ。その具体的な手段はこれからの二年間の勉強のあとに必ずや見つかるはずだ、などと自問自答をしていると、気分が徐々に落ち着いてきました。

ある統計によれば、各種の宗教を信じる日本人の割合の合計は一七〇パーセントになるそうです。仏教六〇パーセント、神道六〇パーセント、儒教二〇パーセント、新興宗教などが二〇パーセント、キリスト教一〇パーセント。つまり、同じ人が念のため、あるいは便宜的理由で複数の宗教を信じていることになります。さらに洗礼を受けたクリスチャンは約一パーセントしかいないのに、一〇パーセントの日本人がキリスト教を自分の信仰する宗教と回答しているのです。

純さんとは宗教について何度も論争したことがあります。彼は、日本にはキリスト教がそもそも合わないと言い張りました。その証拠はキリスト教の伝道が認められて一〇〇年以上も経つのに、キリスト教に改宗した人は人口の一パーセントにも満たないからだと言うのです。この事実は私にとっても大きな疑問であり、その理由を誰に聞いてもはっきりした答えは得られませんでした。一つの要因として推測できるのが、キリスト教があまりにも西洋的で、純粋な宗教というより一つの文化として捉えられてきた、と考えられることです。もし日本人が伝来当初からキリスト教を日本文化と融合できるように改変していたならば、もっと深く日本人の間に浸透したのかもしれません。しかしキリスト教は日本化を図る強い意欲がなかった、と。当時はそこまで結論づけていたわけではありませんが、今はそんなふうに考えています。

クリスチャンとして厳格な姿勢を貫いてしまえば仏教や神道の祭りや儀式に参加することができないので、周囲の人々から疎外されてしまいます。この宗教観と義務の矛盾について他の宣教師たちとは幾度も話し合いました。「クリスチャンの中には社会の一員であるために信念を妥協している人もかなりいる」と聞きました。つまり、宗教的な儀式や祭りが日本文化の一部であるために親戚や友人と一緒にそれらに参加しなければなりません。参加しないことは対人関係に不必要な摩擦を引き起こすのです。

そのような考え方は、必ずしも妥協だとは言えないのではないか。地域社会の一員として周りの人々と仲良く生きる知恵であると私は考えます。もしかするとイエスも同じ姿勢で人生を送ったかもしれません。しかしそのような本心を言葉に出すことを私は抑えました。なぜなら初めの印象は経験を重ねるにつれて変わることだってあるからです。

フィンランドは恋しくない？

「ホームシックにならないのですか？」滞在中頻繁に繰り返された私への質問です。「めったに恋しくなりません」と答えると、とくに年輩の日本人は「へえ」と驚いた顔をされます。「フィンランドは私の母国ですので、言うまでもなく今も心から愛しています。しかし現在は日本が私の新しい故郷なので、この日本社会に真心を持って奉仕したいと思っています」と説明し、「過度のホームシックは仕事への集中の邪魔になります。反対に、生まれた国へのルーツに対する感謝の気持ちが異文化の生活の中では精神力の源になります」と付け加えることもありました。

日本を愛することは日本人を愛することでもありますが、その愛は一方的な思いです。使命を果たすために日本人を愛するわけですが、日本人の方が私を愛することはもちろん交換条件にはなりません。私は自分の愛する気持ちを行動によって日本人に伝えるべきだと考えました。分かりやすく言えば、私自身が日本人と同じ環境下で同じように生活することです。つまり食事も住まいも日本流で、喜びも悲しみも等しく分かち合う。しかしこのような私の努力が日本人に通じないときもありました。

来日当初の頃、商店に入ると滑稽な場面に出会うことがありました。もし店内に私以外の客がいないと、店員は外国人である私を見て直ちにこっそりと奥の部屋へ逃げてしまいます。言葉が通じないことを恐れているのでしょう。残念ながら極端に避けられたり仲間外れにされたりすることが、しばしばありました。これは一九六〇年代七〇年代の日本社会の弱みの一つでした。今はもう外国人を目にして逃げるようなことはないにしても、よそ者扱いを受けて戸惑う外国人は相変わらずたくさんいます。

現在日本には二〇〇万人以上の外国人が住み、二〇一六年には二千四〇〇万人を超える観光客が日本を訪れています。ですから都会では、日本人は外国人に慣れていて丁寧に待遇しています。日本人の英語力も近年は以前より上達し、特に若者が英語を使ってみたい理由から西洋人に接することを好む傾向もあります。それでも在日外国人たちが日本社会にやすやすと溶け込むことができないのが現状です。日本ではとりわけ言葉の壁と人種の壁が高いと言えます。

私自身は、よそ者という障壁を崩すためにできる限りの努力をしました。九〇年代半ばになってようやくその壁を崩すことができた、と実感しました。なぜなら、多数の日本人が自分たちの代弁者である議員として私を選んでくれたからです。言うまでもなく私だけの努力によるものではありません。私をよそ者ではないと認めてくれた多くの人たちがいたお蔭です。

ホームシックにかかることはほとんどないと書きましたが、フィンランドの食べ物の中にはときどき懐かしく思い出すものがあります。たとえば、子ども時代、ライ麦は料理の基本的な食材でした。ライ麦の味に飽きたということは一度もありません。

北カレリアの食事はライ麦パンが主食でした。戦中や戦後の数年間はジャガイモとライ麦のパン以外に食卓に載るものはあまりなかったのですが、飢えることはありませんでした。ライ麦の生地で魚を包んだパイ（kalakukko）とカレリアパイ（karjalan piirakka）は今なお懐かしくて恋しい子ども時代の数少ないご馳走です。また、塩漬けニシン、森から集めるホロムイチゴ（通称クラウドベリー）、コケモモ（リンゴンベリーとも呼ばれます）、ブルーベリーなども故郷の味として現在も大好物です。

フィンランドの食事をそれほど欲しない理由の一つは、日本食があまりにも美味しくて食材が豊かなことにあります。日本に滞在してからわずか二カ月で、日本料理が世界に誇れる食文化だと認識するようになりました。日本食はメニューが多彩で健康にもよく、バランスのとれた美味しい食事だと分かりました。私の大好物メニューすべてを書くスペースがないので幾つかだけを簡単に紹介してみます。

炊き立てのご飯は初めからずっと私の主食になっています。有機農業に出会う以前は白米を食べていました。玄米の味を知らないうちは白米も美味しいと感じていました。しかし国会議員になって玄米を食べるようになった頃からは、玄米が味の面でも白米に勝っていることを知りました。栄養面でも玄米が白米よりも優れていることは言うまでもありません。なぜなら白米は精米によって胚芽やぬかが削り取られ、そこに含まれるビタミンなどがなくなってしまいますが、玄米なら全部残っているからです。

うちの食卓には味噌汁も欠かせない「スープ」です。また魚や自分の家庭菜園で育てた野菜も加わります。大豆を発酵させた納豆も週に数回ご飯の上に載ります。豆腐も含めて大豆から加工された食品は大好物です。米に加えて大豆も昔から日本の主食材でした。大豆は「畑の肉」と呼ばれています。栄養的にも肉にとって代わるもので、むしろ肉より健康によいものです。

世界的に知られている日本食には寿司と刺身がありますが、美味しくいただいてます。フィンランドと違って海藻も食卓に載ります。

野菜や海の幸で作る「てんぷら」も大好きです。来日まもなく食べたときから「てんぷら」の大ファンになってしまいました。それは、ウシマル牧師夫妻がビリピと私を原宿の「てんぷらレストラン」に招待してくれたのがきっかけでした。彼が仕事を一緒に始めるにあたってのお祝い記念としてご馳走してくれました。そのときのてんぷらが本当に美味しかった。彼は食事代をどうしても自分で払う、と譲りませんでした。あまりにも美味しかったので二カ月後、ビリピとそこへ再び食べに行って前回と同じ料理を注文しました。そして勘定書きを見たとき、心底びっくりしました。ふたりで一万円なのです。つまりウシマル牧師は前回の四人分の食事に二万円を使っていたことになります。それは当時の彼の一カ月分の給料と同じ額でした。もし自分の家で「てんぷら料理」を作ったなら恐らく一〇分の一の金額でできたはずです。しかし自分たちの狭い家に招待することを遠慮したのでしょう。日本人は外国人を自分の家に招かずレストランに招待することがよくあります。そのようにして客をもてなすお金を使うことを日本人は惜しまないようです。プレゼントもよく行われます。しかしこのような習慣が政界では賄賂を生み出すという欠点に繋がる可能性もあります。

日本人の思考プロセス

欧米人にとって日本人の思考の脈絡についていくのはなかなか困難なことです。特に日本人が口頭で情報や決断を西洋人に伝えようとするとき、考え方の根本的な違いが明らかに現れます。欧米人は伝えたい内容のポイントをまず告げてから理由を説明します。たとえば、「今日は一緒に買い物に行くことはできない。なぜならば……」と。しかし大体の日本人は先に理由を説明した後に結論を伝えます。理由の説明が長くなるケースがほとんどで、何を伝えたいのかを推測しながら根気よく結論を待たなければなりません。

その点では純さんも典型的な日本人でした。前置きを一〇分以上話した後にようやく核心に触れます。異なった意見を遠慮なく言えるような友人関係に発展してから、この叙述の違いについて質問してみました。

「伝える情報が相手に与える影響を考慮しなければならないことを、まず日本人は考えます」と、純さんは日本人の思考プロセスを懸命に弁明しました。「特に悪いニュースでは、前置きは重要です」と彼は言います。私が「しかし、少なくとも親しい間柄では言いたいことの核心を先に伝えることが時間の節約になりませんか?」と問いかけてみましたが、「西洋人はまず実利的な考え方で会話をスタートするのでしょうが、日本人には相手の気持ちが最も大切なのです」と持論を主張しました。

文化の違いを認め、相手の考えを無理に変えようとしない西洋人もたくさんいます。私は純さんの考え方を変えようとはしませんでしたが、それを理解した上で日本人と共に生きるノウハウを身につける努力が必要だと、悟りました。しかしながら、すべてを率直に伝えたいとする私の性格では、機転と融通の利く日本人と上手く対話していくことが簡単ではないだろうという予感を、早くから感じていました。日本人の如才ない姿勢は思いやりに基づくものであると日本人は言いますが、私からみればそれは思いやりというのではなくて本音を言いたくないという姿勢に思えました。

「宴会」の流儀と作法

「宴会」（寄り集まって食べること・呑むこと）は昔から日本人の付き合いや祝事に欠かせず、息抜きとして重要な役割を果たしています。宴会はいろいろな目的で行われ、その席で飲食の量がどれほど多くても日本人が肥満せず健康を損なうことが少ないのは不思議です。もしかすると過剰な脂肪や糖質が一滴残らず体内を通り抜ける体質なのかもしれません。日本の男性は一晩でウィスキーを一本空け、あるいはビールを数リットル飲んでも翌朝には元気で仕事を始めることができます。

日本酒は一般的に人肌くらいに温めたものを「盃」（エッグスタンドのような小さなカップ）で呑みます。この場合、盃に自分で酒を注ぐことはマナーに反する所作だとされています。なぜなら宴会に於いては参加者同士が互いに相手の盃を酌み交わすことが礼儀作法だからです。小さな盃にはほんの一口の分量しか入らないのですが、参加者が五〇人いれば五〇杯の酒を呑むことになります。断ることは付き合いたくないと受け止められることになるので、そんなときには適当な理由をつけて、たとえば胃が痛い、風邪を引いているなどと申し訳なさそうに辞退するのが賢明な方法です。

宴会の始めには主賓の挨拶が行われます。長いスピーチは好まれません。なぜなら目の前のテーブルにはすでに飲み物や前菜が並べられていて酒宴を早く始めたいからです。

招待客の大半が男性の宴会では、雰囲気を盛り上げるために「芸者」を雇うことがときどきあります。彼女らは宴会の間、酒を注いだり話し相手になったりします。以前は芸者が踊ったり歌ったりして伝統芸を披露してみせたのですが、カラオケの隆盛以降は参加者が自分で歌って楽しむように変わってきました。芸者たちとの会話は馴れなれしくふざけ合う色っぽい話が多いのですが、どうやら日本人はそのような場の雰囲気でリラックスするようです。私は性格上、その場の乗りでふざけることは不自然な振る舞いだと感じてしまい、寛ぐことはできません。

芸者は数十年前から激減し、現在は「コンパニオン」がとって代わりました。世代交代です。

彼女らも芸者と同様に宴会でお客の話し相手となってお酒を注いだりしますが、そのための特別な教育や訓練は受けていません。彼女らは学生であり、主婦であり、パートタイマーとして収入を得るために宴会の場を仕事にしています。

宴会後に芸者やコンパニオン女性を会場外の居酒屋やバーにプライベートで誘うことが可能な場合もあります。その場合のコストは個人持ちです。宴会での「勤務手当」は二時間で一万円程度でしょうが、個人で雇うとなると手当てはもっと高くなります。サービスの内容しだいでは五万円以上にもなる、という話です。

温泉町では芸者やコンパニオンをホテルなどの宴会に派遣する芸者（芸妓《げいぎ》）組合があります。湯河原という首都圏でも有名な温泉地では最盛期におよそ二〇〇人の芸妓さんと、二〇〇人ほどのコンパニオンが登録されていたと聞いたことがありました。

宴会では飲食以上に重要なプログラムがカラオケです。歌の上手下手に関係なく参加者のほとんどが歌います。私はこのプログラムが大の苦手でした。なぜなら、私は歌うことが全くできないからです。子ども時代に音楽を聞いたり歌ったりする機会がなかったので音楽のセンスが育たなかったのだと思います。前にも書きましたが、私が育った実家ではオリンピックのヘルシンキ大会が始まる頃にようやくラジオを買い、そのとき私は一二歳でした。それまで歌ったことがなかったため、小学校の音楽の授業で私は先生からさんざんな評価を受けました。学年末に歌の技術レベルをテストするため、各生徒が順番に先生のオルガンに合わせて讃美歌を一人で歌うのです。私が歌い始めるとすぐさま先生が、「もう結構！　あなたがうまく歌えないことは知っています」と止めさせられました。先生の評価の心理的な影響は大きかった。以来、その後の長き人生の中で私が歌を口ずさむことは一度もありませんでした。先生に恨みはないものの、彼が私からカラオケの楽しみを奪ったことも事実です。

この場を借りて真逆の体験も簡単に紹介したいと思います。その体験のお蔭で人生の道のりで乗り越えられないと思えた困難に、私は打ち克つことができました。

一九五〇年代の後半、私が「カルク市民アカデミー」で勉強していたある日のこと、ＩＱ（知能指数）テストの実験があり、私がそのモルモット（被験者）に選ばれました。テストの結果、私のＩＱは一四〇と判定されました。先生は「あなたの知能指数はきわめて高いので、将来難しい問題が起きてもきっと乗り越えられるでしょう」と言いました。そのときの値が事実より高めであったかもしれない、と思うことだってあります。でも知能指数を褒められたことで自信がつき、難しい挑戦にも躊躇なく取りかかる前向きさだけは持てました。

この二つの対称的な体験で、人をけなすことと褒めることがいかに大きく人生の失敗や成功に影響するかということを身をもって学びました。

日本人の美意識

日本では美観が文化の一部であり私の美意識にもしばしば感激を伴う影響を与えました。日本人の美意識は静謐な、優雅な、洗練された、という形容で表現することができます。

日本人の美意識は現代の日常生活の中にも様々な形で表れています。たとえば目を楽しませるためにいろいろな場所に花が飾られています。バス運転者の頭上に、一輪の花を生けた小さな花瓶がつるされているのを見たことがあります。そして花は毎日新鮮なものと取り換えられるのです。また、トイレの棚、事務所のテーブルの上、廊下や玄関などにも可憐な花が生けられています。

日常的な生活に伝統的な芸術が散見できます。茶道や書道が良い例です。西洋では書くことの主な目的は相手にメッセージを伝えることですが、日本では〝書く道〟といって書かれた字に芸術性が含まれています。日本を訪れた外国人たちは、必ずと言っていいほど食卓に並ぶ食器や盛りつけられた料理の美しさに感銘を受けます。安価な店頭販売の弁当にさえも、花や葉の一片が入っていることもあります。

絵を描くとき日本人は白黒の「色」を好みます。墨で描かれた花の絵は見る人の想像を掻き立て好きな色を想い描かせます。日本の芸術は型に嵌まった完璧さを避けるのです。見る人の想像に余地を残して、その人の美的感性を刺激する役割を果たしているかのようです。遥か遠い昔、完璧さは中国からの輸入品でした。しかし、この世の中には完璧なものは何一つない、完璧は非現実的であると見なして日本の文化は成立しています。日本の陶器は素晴らしい作品ですが、それにしても完璧を主目的にしていないのです。

日本庭園では（イギリス式の庭園よりも）自然のままの姿を取り入れることが望まれています。手を加えていない石のほうが整形した石よりも自然美を物語るのです。描くときに絵の中に落ちてしまった絵の具のしみさえもその不完全さを美として捉え、完璧な絵よりも魅力的なものになるのです。

日本の美意識に含まれている装飾の無さは多くの寺院の庭で見ることができます。もっとも有名で簡素な「石庭」は京都の龍安寺です。私もその美しさと静けさを楽しむために幾度も寺を訪れました。この石庭は長さ二五メートル、幅一〇メートルの地面に白砂を敷き詰め、島に見立てた一五個の石を配しています。極端なまでに象徴化されたこの石庭の意味は謎に包まれ、見る人の自由な解釈に委ねられます。この庭には一本の木も植物もいっさいありません。観客は寺のベランダ（縁側）に座ってシンプルな情景を眺め、自然の美を瞑想するのです。

この庭の変形版は日本の多くの庭園で見られます。中には植物や人工の川と築山を加えた庭もありますが、簡素を最上とする日本では華美な造園はほとんどありません。その由来は禅宗にあり、後に一般庶民の間にも広がって、日本の美意識を象徴するものとなりました。仏教が中国の影響を強く受けていた時代には色彩豊かな美が好まれていましたが、一三世紀頃から簡素化された美が日本独自のスタイルとして発展しました。

自然と共生するという日本人の自然観は静謐なる美意識を高め、自然と緊密にかかわった芸術を育てました。鳥のさえずりや虫の声を楽しむことは、日本人の美意識が自然と共生していることを表しています。西洋人がうるさいと感じる虫の鳴き声は日本人にとって音楽のようなものです。猛暑に耳を打つセミの声は夏という季節に気づくことであり、それは決して騒音ではなく、命のはかなさを告げる自然の美しい声なのです。このような自然の美に対する敏感な感性と生命の諸行無常を意識することは、日本に於いて芸術家に限らず一般人の間でも共有されています。

自然のはかなさは西洋でも認識されてはいますが、日本人はそれを芸術の中でユニークな形で表します。つまり諸行無常を美学として捉えるのです。桜の花が良い例です。桜の花は一〇日間しか咲きませんが、花を愛でるためだけに桜の木は個人の庭先や公園、街路など多くの場所に植えられています。花が咲いていない桜の木の美的価値が高くないにもかかわらず、桜の花は日本の国花です。アメリカにも日本から輸入した桜の木がありますが、アメリカ人にとってそれは花の美しさの鑑賞であって、命のはかなさについては日本人ほどに感じていないかもしれません。バラの美しさと芳しい香りも魅力的ですが、バラには棘があります。バラの花は死んで枯れても枝に留まります。しかし桜の花は雨に打たれ風に吹かれるまま潔く散る運命に従います。

日本の美感は海外の影響も受けていますが、それはいつも日本の伝統の中で自然が生んだ美感と融合されてきました。日本に長く滞在している外国人たちも、日本の美意識が他国のそれよりも敏感であり、美のあらゆる観点（原点）を作り上げていることを認めています。その証として日本の庭園美は認められているのです。イギリスの庭職人はオーナーの指示に従って木を植えますが、日本の庭師はオーナーの意見を求めることが少なく、丁寧に考察したプランをオーナーに押しつけ、職人に造らせます。

短歌（三一音からなる詩）でも四季の美は必ずと言っていいほど描かれ、桜の花や秋の色彩が好まれるテーマとなっています。奈良時代（七一〇～七九四年）の短歌が『万葉集』という歌集として残っています。私がフィンランド語に訳した『源氏物語』でも短歌は重要な役割を示しています。貴族の女性たちに好まれた短歌ですが、その人気は今なお続き、多くの一般人の男女が趣味として、一人で、あるいは「結社」（サークル）で楽しんでいます。

俳句とは、五・七・五の一七音を定型とする短詩です。俳句の平易なメッセージは西洋人にとって理解しにくいものです。俳句は自然と自己を共に詠むアフォリズム（金言）のようなものです。以下、松尾芭蕉の俳句は特に日本人の自然観を強く物語っています。

「枯枝に　からすのとまりたるや　秋の暮」

葉が落ちた枝にからすが止まっている秋の夕暮れ
「古池や　蛙飛びこむ　水の音」
古い池に蛙が飛びこんで音が聞こえた

後者の俳句はどういう意味なのでしょう？　私が愛する小泉八雲の英訳は「Old pond／Frogs jumped in／Sound of water.」となっています。松尾芭蕉はどういう心境だったのでしょうか。音がまったくしない世界で不意に音がした、見ると蛙が苔むした池に飛びこんで水面が揺れていた、と意訳できますが、仏法の深い意味が隠されているとも言われています。日本人ならみんな知っている俳句ですが、解釈は十人十色です。

児童養護施設の指導員に

日本語学校での勉強を一九六九年の末に終え、いよいよ宣教師としての仕事を始めるときが来ました。

われわれを任命する日本福音ルーテル教会には日本全国で合計一五〇の教会があり、それぞれに日本人牧師がいて、彼らと共に伝道や社会奉仕活動に励むことがフィンランドやアメリカから派遣された宣教師たちの任務でした。宣教師の給料と経費は本国から送金されていたので、教会にとっても文字通り無料奉仕となる宣教師の受け入れは、多くの教会が望むほどの人気です。私にも二つの教会から要請が届きました。

一つは、東京市ヶ谷にある教会付属の学生センターで主事として働くこと。ここには一年間日本語の勉強の傍ら聖書研究や英語教室のヘルパーとして通っていたので、自然な流れになるだろうとは思いました。しかしそれは、社会福祉のために働くという本来の私の使命とは少し違うようにも感じました。

もう一つは、東京から一千キロ以上も離れた大分県別府市の児童養護施設で「指導員」として働くことでした。別府に行ったことはなかったのですが、温泉町として有名なことは既に知っていました。私は迷わずに別府を選びました。私は社会福祉のために来日したのであって、別府では実践的な奉仕活動が可能になると考えました。これ以上騒がしい東京に住みたくない、という気持ちもありました。

任命を受けた後、ガイドブックで別府について調べてみました。当時、市の人口は約一三万人。瀬戸内海に続く別府湾に囲まれているこの温泉町には年間四〇〇万人の観光客が訪れます。別府温泉はすでに八世紀から知られ、一千年前から人が集まって住み、一九二四年に村々を合併して別府市が生まれました。周りには一千メートルを超える山に抱かれ、大地から立ちのぼる「湯けむり」は別府を象徴する風景として市民はもちろんのこと、国内外の観光客からも親しまれています。市街地には「別府八湯」と呼ばれる八つの温泉エリアが点在し、湧き出す湯量は毎分八万七千リットルを超え、日本一の湧出量と源泉数を誇っています。温泉が湧出する姿はまるで沸騰している池のようでもあると言われています。見物客はそれらを巡り歩いたり温泉に浸かったりしてから、市内のホテルや旅館に泊まるのです。

しかし私たちにとって別府はあくまでも働き場所であり、温泉町特有のマイナスな局面に関わることを意味します。施設に入ってくる子どもたちの中には、親が自分の子どもの面倒を看ることができないために、県の児童福祉センターに預けられる子どもも少なくありません。母親が別府の温泉ホテルで仲居や芸者として時間不規則に働いているため、子どもの世話ができないケースが多いのです。一時的な人間関係で「生まれてしまった」子どもも多く、生まれたときから「捨て子」の運命になった子どももいます。

教会が経営する施設はそんな子どもたちにとって家庭代わりとなる暖かい保護所でした。この施設は、いわゆる「孤児院」ではありません。なぜならば、少なくとも母親が近くに住んでいるにもかかわらず、自分で子どもの世話ができないがゆえにこの施設を頼ったからです。

児童養護施設は教会に付属していましたが、経費の大半が県の社会福祉予算で賄われていたので、公共の福祉方針に従う義務がありました。園長夫妻と事務員はクリスチャンでしたが、保母さんたちは違っていました。キリスト教に基づく教育は許されましたが、宗教の押しつけは禁止されていました。但し、教会の日曜学校へ子どもたちを連れていくことくらいはできました。それはキリスト教会の社会福祉への貢献が日本に於いて大きな役割を果たしていたので、教会の教えも概ね受け入れられていたのです。

別府でこの仕事に就いたとき、私は宣教師としての使命を果たす情熱に燃えていました。私に与えられた主な仕事は、保母さんたちと一緒に施設の子どもたちの日常の世話をすることでした。その具体的な内容は多岐にわたりました。用務員として、さらに修理屋、運転手、お兄さん役、宿題の監督、逃げ出した子どもを探すこと、学校での親代わりの保護者面談、県の福祉会合に代理人として参加することなどなど。一般世帯の父親がやらなければならないようなあらゆる仕事でしたが、私に与えられた子どもの数は五〇人にのぼりました。

教会から批判を受ける

大分県の児童福祉関係セミナーなどの会合には、施設の職員としてたびたび参加していました。教会以外の日本社会を垣間見るのによい機会でした。丸一日の研修会が終わると参加者がそれぞれ小さなグループに分かれて「飲み会」(懇親会)に連れ立ちます。私にとって飲み会のほうがミーティングよりも楽しいものでした。飲み会はたいてい小さな居酒屋で行われます。そこならお酒が一杯一〇〇円ぐらいです。バーやスナックでは二時間で一人二〇〇〇円程度はかかるため、彼らの三〜四万円の安月給ではあまりにも負担が大きくなるからでした。

飲み会の一グループは通常六〜八人の男女で構成されていました。丸い木のテーブルを囲んで自分たちの仕事や人生観について自由に語り合います。そこでは「飲み会」と言っても酒を飲むことが主な目的ではありません。酒はあくまでも雰囲気を和らげ、恥じらいや遠慮という緊張を取り除くための道具でした。

しかし、フィンランド福音ルーテル協会の幹部から私への猛烈な批判が出ました。彼らの考えでは居酒場で酒を飲むことはキリスト教の道徳に反する行いであり、ましてや宣教師には全く相応しくないふるまいだと言われたのです。

私がパイプを吸っていることも批判の的になりました。たしかにタバコを止めるべきだと以前から考えていました。来日する数年前からパイプを吸い始めたのですが、やめたくてもなかなか止められず癖になっていました。タバコは決して道徳に反するものではないと考えていましたが、たとえリラックスできるとしても非健康的な習慣だとも知っていました。幸いにしてパイプは一四年後にようやく止めることができました。しかし酒を適度に飲むことを止めたいと思ったことはありません。日本ではアルコール飲料が社交の雰囲気を解放的にする役割があると考えられています。パーティーなどに初めての人が参加するときは特にそうです。家庭でもアルコール飲料を飲むことは一般的です。大半の日本人男性は、晩酌として日本酒を熱燗で一合、またはビール一本飲むことを日々の習慣としています。私も日本滞在の最初からそうしています。おそらくこの習慣のお蔭でこれまでも多くの困難の時期を乗り越えることができたのではないか、と思っています。それでも禁酒主義者を立派だと思う気持ちもあります。いずれにせよ、適度に酒を飲み交わすことが宗教的不道徳という問題になるとは思いませんでした。タバコは周りの人にも害を及ぼしますが、酒を適度に飲むことは他人の迷惑にはなりません。

飲み会では私の来日の動機についても時々話題になりました。

「少しでも困っている人たちのために役に立つことをしたい。私の場合、それは祖国での安定と安寧の生活を捨てて異国で社会奉仕をすることでした」と答えると、予想外の質問をされました。

「母国を離れることはとてもつらかったでしょうね。でも、こうして別府のような地方で暮らすことは比較的楽なことではないですか？　少なくともあなたの今の生活レベルは日本人の私たちよりうんと高いものです。本気で日本社会に奉仕したいのなら、私たちと同じ条件の下で働くべきではないでしょうか」

この厳しい言葉がそのときの私の心を打ち砕きました。心の中にずっとあった懐疑に棘が刺さりました。彼らの指摘は私の心を射ち貫く的確な批判だと思えました。教会員の中にも同じ考えの信者が数多くいたのかもしれませんが、彼らは遠慮して私に言えなかっただけだったのではないでしょうか。

溝が深まる

児童養護施設での最初の一年間は瞬く間に過ぎていきました。新しいことを吸収しつつ日常の業務をこなす時間にすべてのエネルギーを注いだので、任命本来のキリスト教伝道という使命を熟考する余裕がありませんでした。それでも、この施設の仕事のために自分が日本に派遣されたのではない、という考えが少しずつ甦《よみがえ》ってきました。

日本の男性なら誰でもこの仕事を私より上手にできる、と思いました。外国人だということ、西洋人的なライフスタイルの上に日本語能力の不足も重なって、施設の生活に溶けこむことはなかなか困難でした。さらに、キリスト教の布教に対する教会の考え方と私との間にも根本的な相違が生まれていました。私は日本人の生活の一部にまでなっている仏教や神道を排除してまでキリスト教に改宗させる必要がないのではないか、と考えるようになりました。仏教や神道が日本社会に浸透して独自の文化が形成されているので、それを壊すことに多少の疑問を覚えたのです。

西欧文明が混合されて醸成された現在のキリスト教は、日本人にとってこれから先も馴染みの薄い不自然な宗教であるに違いないだろう。自ら、キリスト教が唯一の「魂の救済の道」であることをもはや信じることができなくなっていたのです。人間の救いとはなにか？　それが具体的にどのような意味を指すのかさえ自分の中では定義できなくなりました。

救いを「前向きで肯定的な生き方、自分を愛するように他人を愛すること」であると解釈したこともありました。この定義が正しいのなら、救われた人々はクリスチャンたち以外にも大勢いるはずです。もちろん、キリスト教を日本に紹介し普及することは大切であるとも考えていました。国際化のためにも西洋文化に大きな役割を果たしているキリスト教を日本人が学ぶことは大切なことでしょう。特に、何の信仰も持たない人々には信仰の選択肢の一つとして勧めることに賛成です。彼らにとってキリスト教が人生に新しい希望と意義を与えることになるかもしれませんから。

しかし、私に用意された使命はまたそれとは別にあると感じるようになりました。自分はもっと日本人社会の中に入っていきたい、彼らと気持ちを分け合う仲間になりたい、日本社会のためにもっと役立つ奉仕をしてみたいという思いが募ってきました。この思いは施設勤務二年目の間にいよいよ強くなり、その手段として宣教師を辞めることもあり得る、と考えるようになりました。しかし、それはまた馬鹿げた選択であるとも思ったり、逆に、それこそが本来私に与えられた唯一の道ではないのかと考えたりする迷いの時期となりました。

日本文化に於けるキリスト教

別府における私の仕事の一つは、地元ルーテル教会の日本人牧師の活動を支援することでした。教会には三〇名ほどの会員が在籍し、日曜礼拝には通常一五～二〇名が参加。洗礼による新しい信徒の加入は年間二、三名でした。

大多数の日本人は積極的な宗教活動をしていませんが、仕事やビジネスの成功を願って神社にお参りしたり、正月にはご祈願のために初詣へ出かけたりします。家族単位で檀家として寺の信徒になっていても、それは主に葬式や先祖を供養する目的だけのためです。

宗教に対して日本人は寛容です。キリスト教の洗礼を受けた日本人の数は率にして一パーセント前後で、第二次世界大戦後もほとんど増えていません。クリスチャンのおよそ半数がカトリックで、残りの半分は数種のプロテスタント教会に分かれています。各プロテスタント教会の会員数は少なく、平均一〇〇～二〇〇人です。カトリック教会ではメンバーが千人以上の教会もあります。キリスト教の布教は日本で一五世紀から行われているにもかかわらず、クリスチャンが今なお百万人程度に留まっている理由を私はしばしば探しました。

一五四九年にポルトガル宣教師のフランシスコ・ザビエル（Francis Xavier）がキリスト教を伝えるために来日しました。キリスト教が速いスピードで民間人や武士の間に広がり、短期間のうちにクリスチャンは一〇〇万人にまで増えました。当時の人口一二〇〇万人からすれば瞠目すべき達成と言えます。キリスト教が盛んになるに従ってポルトガルとの貿易も始まり、特に九州の大名たちが交易目的もあってキリスト教を推進するようになりました。急速な広がりの一つの理由は、キリスト教が仏教の一つの宗派と捉えられたことにもあったようです。そのとき日本では「多神論」が一般的であったので、キリスト教も仏教や神道と共存することが認められたわけです。

一六世紀後半に日本を一つの国にまとめた豊臣秀吉も、最初は互いに争い合う大名たちを統制する目的で宣教師とクリスチャンを利用しました。しかし、のちに西洋からの支配を恐れるようになってキリスト教を抑制する方針に変えました。

キリスト教は厳しく制限され、伝道も完全に禁止されました。教会の建物は壊され宣教師や民間のクリスチャンが殺されました。その後日本は三〇〇年近く海外から閉ざされた「鎖国」となりました。生き残ったクリスチャンたちは表面上の信仰を隠した「隠れキリシタン」と化したのです。

一八七三年になってようやくキリスト教禁止令は廃止され、隠れキリシタンたちは自由に宗教活動を再開するようになりました。自ら教会を設立したり、西洋からやって来た宣教師たちが建てた教会などで信仰生活を始めました。

一八六七年の明治維新以降、キリスト教は日本文化に強い影響を与えています。政治、教育、社会福祉や保健分野のリーダーたちの中にはクリスチャンが大勢いました。キリスト教徒が設立した大学、老人ホームや児童養護施設が全国各地に数多くあります。一九世紀以降、日本のクリスチャンたちは積極的に教育や福祉活動、人権の向上や平和運動に参加し、日本文化の一翼を担ってこんにちに至っています。ミッション系大学だけで七六校にのぼります。

「営利目的のキリスト教」はデパートや街に派手に現れています。クリスマスセールは世界で最も早い一一月中旬から始まり、クリスマス音楽が一カ月間街のショッピングセンターに流れています。家庭ではクリスマスを祝うために豪華なケーキを食べたり、プレゼント交換が行われたりします。クリスマスツリーは街角やデパート、公園などあちらこちらで見られます。しかしクリスマスがイエス・キリストの誕生を祝う祭りであることを知っている日本人はそれほど多くありません。クリスマス以外でも、バレンタインやハロウィンなどは日本国中大賑わいで、世界で最もキリスト教に敬意を払っている国という一面もあります。

仏教の葬式は一六世紀頃からキリスト教の影響を強く受けています。それ以前は、葬式はお寺とは関係なく家族や親戚だけで行われていました。

神社での結婚式も、明治維新以後にやはりキリスト教の影響を受けて一般的に行われるようになったのです。以前には花嫁が嫁入り道具だけを持って新郎の家に越して来ました。特別な儀式もなく村の長《おさ》が結婚の有効をただ宣言するだけでした。また妻は夫の家族が属している寺の信徒として登録されましたが、それにも特別な儀式は必要ありませんでした。夫婦に同じ名字をつけることもキリスト教が参考とされています。明治維新以前、一般市民は名字を持っていませんでした。現在、七割の結婚式は新郎新婦がクリスチャンであるかどうかにかかわらず、教会や結婚式場でキリスト教式に則って行われています。余談ですが、わずか数日の研修で資格を得た「司式者」、すなわちニセ牧師が式の立ち会いを務める割合が九割だという調査結果がありました。その真偽はともかく、日本文化が西洋文化を柔軟に吸収し、受け入れていることも確かです。

宗教活動にあまり関わりたくないという反面、積極的に参加する日本人もかなりいます。いわゆる「新興宗教」などに属する人が人口の二割ほどいるとされています。大きな宗教団体では数百万人の会員がいます。逆に言えば、およそ八割の日本人は宗教に対して中立的なのです。大半の日本人は「超自然の力」を信じていますが、必要なときにのみその助けを求めます。日本語に「八百万《やおよろず》の神」という言葉があるように、神々はあらゆるところに、あらゆる目的のために存在していると考えられています。多くの神々はもともと人間であったので人間の生活とニーズを理解しています。従って日本人は唯一の神、天地造物主の全能の神を信じることが難しいのです。多くの日本のクリスチャンたちにとってでさえ、キリスト教の神は多数の神々の一つに過ぎません。西洋文化におけるキリスト教の役割を日本人は知悉しているので、キリスト教に対して肯定的ではあるのですが、自分の信念として受け入れる人は少ないのです。

第Ⅱ章

難局に立つ

1975年、田中幸子と再婚。
簡素な式は大分の春日神社でとり行われた。

苦しい別れの挨拶

養護施設勤務二年目の一九七一年、ビリピの母が危篤に陥ったため、フィンランド福音ルーテル教会から一年前倒しで母国への休暇が認められました。ビリピが直ちにヨウニと共に帰国し、私は仕事の整理を済ませた二カ月後にパイビとシニを連れてフィンランドへ帰国しました。幸いにして子どもたち全員がお祖母さんとの別れの挨拶に間に合いました。義母は我々一家が揃った二日後にこの世を去りました。

多くの宣教師たちがこのような状況に出くわすことになります。生涯の別れを告げることに間に合う者もいれば葬儀にすら参加できない者もいます。私の母が脳腫瘍で瞬く間に亡くなったときは、死亡後に訃報が届きました。海外伝道の「影の部分」が身内、特に親との死別です。ビリピと私の双方の親は幸いにも海外での布教活動に賛同していたので、遠く離れた国での仕事という覚悟を持って最初から賛成していました。

ビリピの母の葬儀が終わった後、私たちの家族は「ワーキングホリデー」として三カ月間フィンランドに残りました。日本のキリスト教の状況や自分たちの仕事について報告がてら、国内の各教会を回りました。講演の後には教会の集会所でコーヒータイムが用意され、来場者とのフリートークの質疑が行われました。日本ではクリスチャンが少なく、仏教と神道の伝統が根強く息づいていることに聴衆が驚きました。フィンランドからみれば日本は長く続いたキリスト教伝道の歴史があるにもかかわらず、今なお「異教の国」です。短期間ながらも日本での生活を体験して、日本の宗教をもはや「異教」と感じられなくなっていた私は、そんな自分の印象を正直に口外することは相応しくないと考えました。その代弁として、クリスチャンが日本であまりにも少ないことの理由を探すために私は日本文化をさらに深く勉強していきたい、と伝えました。その答えは日本の文化の中に見つけられるはずだ、と思っているからです。

日本に戻る二日前、キャプラ教会が私たちのために送別会を開いてくれました。会場では多くのかたからの短いスピーチをいただき、祝福や励ましの言葉を贈られました。しかし私は集会の始めから耐え難い苦痛を感じていました。彼らの祝福や励ましを素直に受け取れない。私の心の中にはすでに新しい計画が芽生え始めていたからです。そんな想いをどの程度話したらよいのかが分からなかった。というのも、その計画を実行に移せば宣教師を辞めざるを得なくなるだろうし、フィンランドでも日本でも教会関係者からの厳しい批判を浴びることは明らかだったからです。

送別会の最後に私の挨拶となりました。

「皆さまからの思いやりあふれる言葉に心から感謝いたします。今夜の会合は私の心に深く思い出として残るでしょう。なぜならこれが私の最後の別れになるかもしれない、と予感しているからです。これから日本で私たちの仕事や生活環境が大きく変わるような気がします。しかしどのように変わるかは私自身、まだ分かりません。それでも私を信じて欲しいのです。どんな大きな変化があってもすべては神から与えられた使命を果たすためなのです。日本にはたくさんの精神的な暗闇があります。とくに教会の活動がまだ届いていないところで。その暗闇にキリストの光を照らすために私は教会の外に出なければいけないのではないか、と感じています。しかし私は何も恐れていません。なぜなら人類に対する神の愛はあらゆるところに存在しているからです。その光の源から私自身も力と知恵を得ることができると信じています」

そこで私の感情が高ぶって声が震え始めて、とうとう話を続けることができなくなりました。深々と日本式のお辞儀をして、部屋の外へ逃げ出しました。

翌朝ビリピは、教会のメンバーが私の挨拶を褒めてくれたと言いました。おそらく私のメッセージの内容を正しく理解しなかったのでしょう。あるいは、そのスピーチを本気で受け取らなかったのかもしれません。母国を離れることで私の感情が一時的に高揚し過ぎているのだろう、と忖度してくれたのかもしれません。いずれにせよ彼らの意見で私の気持ちは変わることがないことを自覚していました。あのときビリピだけが私の挨拶の意味の重要性を理解していたように思えました。彼女の顔には不安が漂っていました。私が心を開いて自分の考えを話すことを期待していた様子でしたが、その「時」はまだ来ていなかった。自分自身でも考えをまだまとめることができずにいました。

日本に戻ったあとは仕事に集中することが困難でした。日常の決まった仕事は何とかこなしていましたが、宣教師を辞めたあとに生じる多くの問題をいかに解決するかについて常に悩んでいました。まず日本国在留のための新しい許可条件がどうなっているかについて調べました。一度日本を出て新しいビザを申請しなければならないことが分かりました。更に、ビザ申請のために日本人の連帯保証人が必要であることも知りました。自分で生計を立てることができない場合は保証人が経済的な負担を担うことになります。保証人はそのための十分な経済的能力があるという裏付けが必要でした。このような条件を満たす保証人を見つけることがきわめて難しいことは明らかでした。教会のメンバーは誰も保証人になってくれるはずがありません。宣教師を辞めることは教会に対する裏切りだからです。信者たちは私を背信者とみなすでしょう。つまり彼らに助けを求めることはできないし、かといって教会の外にもそこまで親密な知り合いや友人は一人もいないのです。

しかし、もっと重要な問題は家族のことでした。宣教師を辞任することはすなわち収入がなくなることであり、その理由だけでもビリピが反対するのは必至でした。安定した仕事のない外国人が五人家族を養うことは至難の業です。このような未来設計をしているうちに、とうう家族と離れるという考えが浮かんで来ました。初めのうち、そのような考えはあまりにも馬鹿げていると打ち消しました。心の声は、「ただちに諦めるように」と強く訴えました。しかし私はいつのまにか家族と離れるための根拠を探し始めるようになっていたのです。家族がフィンランドに戻れば一人で生計を立てることは幾分容易になるだろう。そして保証人が見つかれば日本に定住し、社会によりスムーズに溶け込むこともできるという言い訳を作り始めました。将来収入が増えれば、子どもたちの教育のためにフィンランドへ送金もしよう。夏休みをフィンランドや日本で一緒に過ごすことも可能かもしれない。別れることは決して家族を「捨てる」という意味ではない。学校教育に於いても、子どもたちがまだ小さい時分にフィンランドへ戻るのがむしろより良い解決法であるとさえ考えました。

離婚と日本人の同伴者を探すことを何時ごろから考え始めたかははっきりと記憶にありません。初めのうちは潜在意識にしかなかったのかもしれません。道徳的な根拠を見つけることは到底不可能でした。今もなお妻を愛していると信じたかったし、家族と別れることは、私が何よりも神様を愛しているかどうかに対する神様からの「試練」であるとも考えました。旧約聖書の創世記二二章、アブラハムが息子イサクを山の上で「燔祭」（生贄）に差し出しなさい、という神様からの命令を受ける試練の逸話がしばしば頭に浮かんで来ました。アブラハムは祭壇にイサクを縛って乗せ、刃物を手に取ったところで、神の使いはアブラハムが神の教えに忠実であることを認め、イサクは一頭の雄羊に取って変わられ難を逃れたのでした。

ずっと後に、もしかすると妻を新しいパートナーに替えたいという潜在意識があったのかもしれない、という悔恨に苛まれることもありました。道徳的根拠が全くなく馬鹿げた計画だと考える一方で、何かの不可思議な力が私に歩むべき道を暗示していると信じてやまなかったのです。論理では言い表せません。神が示された道だと、私はそんな自分を受け入れました。

日本人パートナーを探す

自分の中に芽生えた無謀とも言える計画を実行する第一のステップは、それに乗ってくれる日本人女性を見つけることでした。養護施設で働いている保母さんのなかに、とても魅力的な女性がいました。ボーイフレンドもいなかったようなので思いきって自分の気持ちをうち明けることにしました。重要な話がある、と言って居酒屋に誘いました。それまでふたりきりで話したことさえ一度もなかったので彼女はびっくりした様子でしたが、仕事に関する相談だろうと思ったらしく、会うことに同意してくれました。

注文した飲み物が届くとすぐに自分が考えて来たことを話し始めました。離婚を成立させるために家族も私もいったんフィンランドへ帰り、そのあと新しいビザを取得すれば、家族はフィンランドに残り、私が一人で直ちに日本に戻ることになる、と説明した後、「そういうわけで私の新しい人生のパートナーになってください」と頼みました。彼女は茫然とした顔で「どうしてそんなご冗談を？」と言いたそうに私をじっと見つめました。しかし私が真顔であることから本気だと悟ると「そんな計画はバカバカしいことです。みんなあなたの家族を可哀そうだと思います。冷静になってその愚かしい計画を早く諦めなさい。少なくとも私はそんな誘いを受けられません」と店から飛び出してしまいました。私の最初のパートナー探しはこれで失敗に終わりましたが、それでも諦めようという考えにはなりませんでした。

数カ月後に新しい出会いが訪れました。別府市内にある病院に入院している知り合いの牧師から連絡が入りました。彼が入院している病院の一人の看護師が自殺未遂を起こして別の病院に入院し、自分が行かれないので代わりに私がお見舞いに行って欲しいという依頼でした。

彼女は二七歳、田中幸子という名前でした。初めて見舞いに行ったときは既に大分よくなっていて聖書を読んでいました。彼女から「初めて読むので意味があまり分かりません。説明して欲しい」と頼まれました。それから週二回ほど訪ねるようになり、彼女の状況が少しずつ分かってきました。長く付き合っていたボーイフレンドが突然別の女性と結婚したので、生きがいを失って睡眠薬を多量に飲んだそうです。さいわい同僚の看護師が数分後に彼女の部屋へ立ち寄ったことからすぐに医者を呼びました。彼女の身の上話を聞いてから、私は自分たちふたりの運命を結び付けて考え始めました。彼女は自分の過去を捨てようとして、人生の第二のスタートをしようとしている。この時点では彼女に恋をしたというよりも、むしろ同情や共感という気持ちでいました。私は日本での生活を再スタートするための新しいパートナーを欲していたので、相手の女性に対する厳しい条件もなかったですし、恋愛感情に基づく愛の永続性についてもあまり信じていませんでした。「愛は育つもの」という至言のように、一緒に暮らすうちにしだいに愛情が育まれていくと考えていたのです。日本の「お見合い結婚」も同じような論理に基づいています。第三者によって相応しい結婚相手を探す手伝いがなされて、のちに愛が育まれていきますが、恋愛結婚の場合は逆に愛がすり切れてしまうケースだってあるのです。彼女が退院してすぐに、私は自分の計画を話しました。またしても逃げられてしまうだろうと身構えましたが、しかし彼女は私のプロポーズを素直に受けてくれました。「どれくらいあなたの役に立つことができるかわかりませんが、本当にパートナーになって欲しいのなら、どこへでも一緒に付いて行きます」と、彼女は笑顔で答えました。

計画の第一歩は予想よりも早くに実現することとなったのです。

「裏切り者」という厳しい批判

この段階に来て、もはや本心をビリピに隠すことはできませんでした。彼女が私の決意から受けるショックに耐えられるようにと必死に祈りました。彼女は私を夫として愛し我々共通の使命を日本で果たすために死ぬまで私の傍《かたわ》らにいることが自分に与えられた任務である、と考えています。ところがこれから彼女の信念を潰すことになるのです。

子どもたちが学校に行っている昼間の時間を選んで、一気にすべてを話しました。彼女は唖然とした面持ちで聞いていましたが、全くの驚きではなかったように見えました。以前から何か取り返しのつかないことが進行し始めていると予感していたようでした。

「そんな計画に私が賛成すると本当に思っているのですか?」言葉が口に突いて出ないほどに怒りながら彼女は話し始めました。

「離婚は神様によって結ばれた契約を解消することを意味しています。クリスチャンとして私たちにはそんな権利はありません。神様が許してくれると考えるのは恥知らずなことです。別の女に惚れ、彼女と一緒になるためにすべてを捨てたいとはっきり言ったらどうですか!」

私は彼女の怒り狂った言葉を黙って聞いていました。今それ以上説明するのは無駄だと分かりました。彼女がこの申し出を消化するのに時間が必要だったからです。

二日ほど経って再び話し合いました。今度は教会を離れることを理解してくれました。自分も一緒に教会を離れ、生計を立てるためにどんな仕事でもする覚悟がある、と言いました。合理的に考えれば、彼女のその提案に喜んで賛成すべきでしたが、私の口からは次のような冷酷な結論が出ました。

「この計画は取り消ししません。離婚を認めないのなら、別居して彼女と一緒に暮らします。一年半経てば、あなたの同意がなくても離婚が成立します。おそらく教会は、あなたたちをフィンランドへ呼び戻すでしょう。それで子どもたちはフィンランドで教育を受けることができます。日本で私の収入が安定すれば可能な限り子どもたちの教育のためにお金を送ります」

この話し合いの後に計画は予定どおり進み始めました。辞任届と別居のニュースは日本でもフィンランドでもスキャンダルになりました。私が家族を捨て、日本人女性と一緒になったことで「不埒《ふらち》なやつ」とも「背信者」ともみなされました。「教会の外で使命を果たしたい」という私の主張を誰も信じませんでした。ビリピと子どもたち家族はすぐにフィンランドへ戻り、幸子と私は別府から遠く離れた地で新たな生活をスタートさせるために、長野県の安曇村（現・松本市安曇）に引っ越しました。幸子の親は当初反対をしましたが、あとで賛成に回り父親がビザ申請の連帯保証人になってくれました。

別府を離れる少し前に、私の母が亡くなったというニュースを受けました。幸い私たちの家族に起きたことは知らされなかったそうです。あの世から私たちを見守り誰よりも私を理解してくれていると、私は信じたかった。私は葬儀にも行けませんでしたが、ビリピと子どもたちは参列したそうです。

幸子と私は葬儀から数カ月後にフィンランドへ行き、父が住んでいたヨエンスーの町で父と一緒に四カ月ほど暮らしました。その間にようやくビリピの同意を得て離婚が成立しました。離婚の理由は夫の不倫となりました。新しいビザと在留許可が下り、幸子と一緒に一九七五年四月にシベリア経由の列車で日本へ戻ることになりました。そのときヘルシンキ駅に我々を見送りに来たビリピが幸子に微笑みながら花束を渡しました。あとで彼女から送られた手紙には、見送りの際に自分があなたを恨む気持ちを笑みの裏に何とか隠すことができたと書かれていました。彼女とはその後の再会や手紙のやりとりで子どもたちの教育についてよく話し合いましたが、彼女が私を理解し、許してあげたいという気持ちで努力していることが伝わってきました。

それでも子どもたちが未成年でいる間、彼女に精神的、経済的負担が重くのしかかったのは事実でした。ビリピの心の強さと理解ある態度に感謝し尊敬しました。そのお蔭で子どもたちが父親への尊敬の念を失うことなく私に接してくれたのだと思います。別れた後のすべてのことについて、今でも彼女への感謝の気持ちを充分に表し尽くせていません。

安曇村で再出発

幸子との新しい生活は一九七四年、北アルプスの麓、上高地の玄関口にあたる長野県安曇村で始まりました。片田舎の村で生まれ育った私は都会生活に馴染むことができませんでした。自然のなかで日々の暮らしを営み、小さな家庭菜園を持ちたいと願っていました。日本ではとりわけ山が好きでした。日本に来て五カ月後には友人の誘いで安曇野に滞在し、夏休みには北アルプス山系に登ったことがあったので、新しい住処に安曇村を選びました。戸数二〇軒ほどしかない橋場という小さな集落にある家を、その頃の三日分の平均賃金にあたる家賃一万二千円で借りました。一戸建て二DKの古い日本家屋でしたが、私たちには充分な広さです。とりわけ家の裏に広がる野菜畑が気に入りました。夏になれば自分たちが育てた野菜を食卓に載せることができるでしょう。引っ越し第一日目の日記では少し興奮気味な感想を述べていました。

〈住居が橋場に決まって嬉しい。こよなく愛する日本アルプスが近く、島々谷を通って徳本峠を越えれば山並みが眼前に広がる。この地は歴史的な場所で、この家が建つ場所は江戸時代に番所があって通行する人々を見張り、商人や運送者から税を徴収するところだった。当時ならば私は住むどころか通行することも不可能だった。私の仕事は税金を集めることではなく日本文学をフィンランド語に翻訳することで、二つの国の間に新たな橋を架けることだ〉

家のそばには安曇川に架かる吊り橋がありました。江戸時代は跳ね橋だったと聞きました。その橋を行き来する人たちを眺めながら翻訳を始めました。どのようにして日本社会に貢献できるかについて確固としたイメージはなく、自分が歩むべき道を見つけるのにおそらく数年はかかるかもしれないと覚悟していました。とりあえず今自分ができることは優れた日本文化をフィンランドに紹介することだ。日本の文学をフィンランド語に訳してみようと、安曇に移住する前から漠然と考えていました。別府に住んでいたとき既に三浦綾子の『氷点』を翻訳した経験があったので、翻訳から得られるさまざまな恩恵が分かっていたのです。翻訳の仕事は日本語の習得が飛躍的に進むと同時に、日本文化と日本人の物の考え方も知ることができます。

翻訳を始めるにあたっては適切な本と出版社を見つけることが必要条件です。翻訳からの収入を得るのには少なくとも一年はかかります。私は、西洋の影響を受けていない日本人の生き方を描いた本を見つけたかった。江戸時代（一六〇三〜一八六七年）を代表する戯作者に井原西鶴がいます。彼はユーモアに富んだ言葉で当時の商人や町民の生活を描きました。安曇村での初翻訳には西鶴の『好色五人女』を選び、オタバ（Otava）出版社がそれをすぐに引き受けてくれました。『好色五人女』『世間胸算用』、さらに紫式部の『源氏物語』を翻訳することが決まりました。オタバ社との協力関係は六年続き、合計六冊の古典文学を翻訳しました。「フィンランド文学推進協会」（Suomalaisen kirjallisuuden edistämisvarat）からも奨学金を貰うことができましたが、翻訳料だけで二つの家族の生活費をまかなうには不十分でした。

そのうち村民たちから子どもたちに英語を教えてもらいたいという声があがりました。面白いことに多くの日本人は、すべての西洋人が英語をしゃべるものだと思い込んでいたようです。そんな事情から西洋人が日本で英語教師になることは簡単です。私の母国語はフィンランド語であって英語は苦労して修得したのです、と説明しても、それでもぜひ教えて欲しいと頼まれました。

二カ月も経たないうちに生徒数は六〇名を超え、毎日夕方から夜遅くまで自宅で英語を教えることになりました。英語塾が主な仕事となり翻訳は副次的な仕事になりました。幸いなことに幸子も村の民間病院で看護師の仕事に就くことができました。

収入を得ることは社会の一員になるために大切なことでしたが、地域住民とよりよい人間関係を築くことも重要なことでした。日本の地域社会では隣人と一緒に楽しくくつろぐイベントがたくさんあります。秋の運動会がその一つです。安曇村では半数以上の住民がこのイベントに参加していました。私も橋場集落の野球チームに入るようにと強い誘いを受け、それまで一度もやったことがなかったにもかかわらずメンバーに加わりました。運動会が終わった後は村の集会所で宴会が開かれます。みんなで酒を飲み、ゲームやカラオケにうち興じます。似たような「飲み会」はイベントを問わずさまざまな理由で頻繁に行われます。それらに参加することによって日本人の生き方を学びながら、村の一員として受け入れられていくのです。さらに私が英語塾、幸子は看護師の仕事を通じて、村民とは親しい間柄になりました。

移住して来てから二年後、私たちの間に長女愛理が誕生しました。安曇村の地に足がついた生活となり、暮らしぶりは平均的な日本人よりも日本的でした。収入はようやく村民の平均レベルに達しました。美しい風景に恵まれた土地ゆえ休日も村内で過ごすことが多く、村の外へ出るのはかなり稀なことでした。しかしながら、日々平穏な生活に満足しつつも心の中で、現在はまだ目的への道半ばでしかないという声が聞こえていました。この先自分に大きな変化が訪れるような予兆を感じていました。

日本国籍を取得

村人はみんな良い人たちばかりでした。誰もが私に親切だったので、私はこの安曇村を故郷のように感じました。しかし他方で、彼らにとって私は「仲間」ではなく依然として「お客さん」であるという気持ちが募ってきます。贅沢な不満に聞こえますが、私は日本社会の「本物の一員」になりたいと願うようになりました。中途半端で満足しないのが私の性格です。客人から真の仲間となるため、名実共に日本人になろう。日本国籍を申請することに決めました。

帰化申請は予想以上に困難でした。幸子と長野県の法務局を初めて訪れたとき、よく考えてもう一度来週に来てください、とだけ言われました。翌週行くと、帰化取得は非常に難しいので申請を途中で諦める人が多いと知りました。あなたたちもこの段階で諦めたほうがいいと言われ、三回目でようやく許可申請の手引きを渡してもらえました。

手引きは三四ページに及び、非常に難しい言葉で書かれていました。一回目を通しただけでは、ほんの一部しか理解できません。帰化許可の条件は八項目に分けて書かれていました。

一　引き続き、五年以上日本に住所を有すること
二　二十歳以上で本国法によって能力を有すること

三　素行が善良であること
四　独立の生計を営むに足りる資産又は技能を有すること
五　国籍を有せず、又は日本の国籍取得によってその国籍を失うべきこと
六　日本国憲法施行の日以降において、日本国憲法又はその下に成立した政府を暴力で破壊することを企て、若しくは主張し、又はこれを企て、若しくは主張する政党その他の団体を結成し、若しくはこれに加入したことがないこと

これに付け加えて、六〇歳未満の申請者は読み書きの能力があること、申請書類はすべて本人が自分で書かなければならない、と列記されています。

私にはとうてい不可能に思えました。翻訳仕事のお蔭で日本語を読むことにはある程度自信がありましたが、書く能力はほとんどありません。そのためには漢字を書くための練習と努力が必要でしたが、十分な時間もありません。この問題の解決法として考えたのが、まず幸子が書いた見本を見て私がそれを真似てゆっくり書いていくことでした。学歴や労働証明書などについてはフィンランド語から日本語に自ら翻訳し、その正否を判定してもらうべくフィンランド大使館からの承認印をいただく必要もありました。一枚の手数料が二〇〇〇円だったので、二〇枚分四万円が必要でした。揃えなければならない書類は全部合わせると五〇枚にも及びます。三カ月にわたって真夜中まで向き合い、法務局へは一〇回以上足を運びました。法務局ま

では車で一時間のドライブでしたので毎回半日仕事でした。漢字の「旁《つくり》」一つが間違っても書き直しです。法務局の担当者から「それくらいの苦労がなければ日本人になれない」と励まされました。間違いのない書類をすべて揃え終えて提出したとき、すっかり顔なじみになった係員から「長々とご苦労さまでした」と笑顔で苦労をねぎらわれました。

「西洋人に限って言えば、戦後、日本国籍を取得した人は一九七九年の申請時点でわずか一五〇名しかいません。つまり一年に認定される人はわずか五、六人程度です。審査が終わるまでに大体二年ぐらいかかるでしょう」と告げられていました。私ができることはこの申請書類を法務省に送った時点で終わりです。

さいわい予想以上に早く、一〇カ月後の一九七九年五月一四日に帰化許可が下りました。日本では未成年の子どもの国籍は父親の国籍に属しているので、当時三歳になった娘の愛理は私とともに晴れて日本人となりました。受理の報せを受けて何とも言えない解放感を覚え、今後の可能性が大きく広がったような気がしました。来日して一二年後の日本国籍取得となったのです。なお、現在は帰化許可の条件が当時より緩和されたので、日本人になる西洋人はかなり増加しています。

山の誘い

なぜ山に登るのですか？　日本人の登山者に尋ねると、「日本に山があるからです」という言葉が多く返ってきます。エベレストに挑んだマロリーの「Because it is there. そこに山があるからだ」と同じです。よく考えてみれば日本人にあっては論を俟《ま》たない厳然とした国土です。フィンランドには一八万以上の湖がありますが、日本には一五万以上の山があります。フィンランドに美しい湖が無数にあるからフィンランド人は湖を愛し、日本人はそこかしこに豊かな山があるから老若男女を問わず山歩きを楽しむのです。ちなみに世界一九六カ国で国土に森林面積が占める割合が最も高い国はフィンランドで七三・九パーセント、二位が日本の六八・二パーセントです。

短歌や俳句で自己の心象を、風や月や樹木や生物で表現する日本では、人間も自然の一部だと考えられてきました。そして身近なところに必ずと言っていいほど山がある地形から山は信仰の場であり、身近な自然を最も象徴する場となるのです。

山へ行けば日常のエゴイズムから解き放たれ、自然と社会の境界を歩くことになります。私も山を眺めたり登ったりする中で心の平安を見つけ、人生の意義を別の視点から捉えられる気がします。だからフィンランドで暮らす私の子どもたちにも山歩きを通して同じようなチャンスを与えたかったのです。
ある山小屋の壁に貼られていた次の詩が人間と自然の関係をよく表しています。

山では花の美しさと氷河の冷たさに酔ってしまう
登山者は涙をこぼして自己から開放され、
氷から開放される山河で春を見つける

フィンランドにいる私の子どもたちが信州の「山ハイキング」に来ることになりました。私が呼びかけて実現する運びとなりました。おそらく彼らは山歩きに潜む危険性については何も知りません。「日本のアルプス」と呼ばれる美しい山脈を爽やかな風に吹かれながらハイキングし、丸太で組まれた山小屋の柔らかいベッドで夜を心地よく過ごすことになる……。おそらく子どもたちはフィンランドでそんなロマンチックな想像をすることでしょう。しかし私は、子どもたちが遭遇する困難や危険性についてよく知っています。私には一〇年前から登山の経験がありました。最初は二〇〇〇メートル未満の九州の山々を登り、安曇村に移住後は日本アルプスの麓で生活をしていることもあって、周囲の三〇〇〇メートル級のほとんどの山を踏破し、幾度の夜を山小屋やテントの中で過ごしました。毎年夏になると単独で、あるいは幸子と、また日本人の友人と一緒に登山を重ねてきました。
山に登ると景色のみならず自分という存在に向き合います。仲間がいれば繋がりが深まります。そういう理由から子どもたちと一緒に登れる北アルプス縦走の計画を立てました。実は子どもたちにとって山登りは初めてではありません。八年前に日本で、子どもたち三人と母親ビリピと一緒に北アルプスの玄関口と呼ばれる上高地でキャンプをしたことがあります。そのときはみんなで前穂高岳に登ろうとしましたが、悪天候のために途中で下山しました。子どもたちはまだ幼かったので強風と豪雨のなかを頂上まで登らせるわけにはいきません。その後私は離婚をして子どもたちをフィンランドに帰らせ、六年の月日が経ちました。私だけがアルプスの麓に住み、アルプスに守られ、アルプスに育てられました。ですから危険が伴うことを承知した上で、フィンランドの子どもたちにアルプスとの出逢いを提供したかったのです。

二年前に子どもたちと日本で夏休みを一緒に過ごした直後からすでに、この山ハイキングの計画を立ててきました。そのときは海辺のキャンプ場で水泳などをして楽しみました。海岸は日本の自然を象徴する風景なのですが、山も日本人にとって同等以上に大切な自然です。だから今度は山、とりわけもっとも偉大な山系である北アルプスを、ふたたびの休暇で過ごす場所に決めました。

ハイキングコースは綿密に計画しました。主に二五〇〇メートル級の山脈が連なる「日本の屋根」と呼ばれる山々を歩くことにしました。日本海側の蓮華温泉からスタートし、北アルプス山脈を上高地まで縦走する全長一六〇キロのコースです。慣れた登山者でも最低一〇日間が必要ですが、子どもたちには初めての登山なので三週間の日程を立てました。初めのうちは一日に四、五時間ほど歩けるだろうと予想し、慣れてくれれば一日八時間まで可能になるだろうと考えました。少なくとも梅雨に当たる前半は雨天のため同じ小屋に二、三泊する必要があるかもしれない。コースには四、五時間間隔で山小屋があるので朝食と夕食はそこでとります。昼の弁当を山小屋で用意してもらえば非常食と水だけを携帯する軽装備で歩くことができます。

晴天下では比較的安全なコースで、急斜面には鎖場や梯子があるものの危険性は小さいと判断しました。山岳事故は主に落石や経験不足によるもので、雨や強い風のときはリスクが高まります。岩が滑りやすく、風に煽られ、バランスが崩れてひっくり返るか、最悪の場合は谷底に落ちることもあります。雷に打たれる可能性や霧の中で道に迷うリスクも出てきます。私自身に関しての心配はありませんでしたが、何よりも子どもたちの安全を優先に考えなければなりません。子どもたちに山の危険性を十分に認識させる一方、余計な恐怖心を起こさせないことも大事です。

二つの家族の父

山ハイキングを実行するにあたって最も大きな問題が予算不足でした。二年前も親子休暇の予算を集めることが大変でした。三年間で貯めた預金の大半を子どもたちの飛行機代に費やさなければならなかったので、休みの後半にはお金が足りなくなりました。ガソリン代もなく最後の一週間はただ家でテレビを見て過ごさせるような状態でした。食事もごはんと家庭菜園から採れた野菜だけのような簡素さでした。

子どもたちがフィンランドへ戻ってからの数年間は家族みんなのために節約して貯金を増やしましょうと、幸子と約束をしました。しかしその約束を半ば私が破ろうとしているのです。フィンランドの子どもたちをふたたび日本に招待しようとしている。しかし、幸子と愛理を私の子どもたちのために犠牲にしてはいけない。幸子の健康と幸福を守ることも私に課された責務です。その葛藤を幸子に語ることもありました。

二つの家族を平等に考えていることを示すために、幸子と愛理、私の三人で台湾と香港へ二週間の夏休み旅行をしました。一年掛けて貯めたお金のほとんどをそれに費やしましたが、その旅行のあと、幸子はフィンランドにいる三人の子どもと一緒に過ごす日本でのバカンスを前向きに考えてくれるようになりました。ですからその計画を実施するための貯金をふたたび、始めました。

子どもたちを招待する時期が半年先となった頃、幸子の身に新たな予定ができました。彼女が我々の二人目の子どもを妊娠したのです。出産予定日が山歩きの日程と重なりました。話し合いの結果、彼女の大分の実家で出産するのが望ましいとして、愛理を連れて一時帰省することとなりました。山歩きの休暇が終わったら私が九州へ迎えに行く、という運びとなったのです。この事態が全員にとって望ましい状況となりました。当然ながら、幸子が四歳の愛理と一緒に山歩きに参加することはできかねることで、彼女が二カ月ほど実家で静養を兼ねて赤ん坊を育てている間に、我々四人で山歩きをすることになります。私の子どもたちは幸子と一緒にいることに抵抗はなかったようですが、それでも彼らが血の繋がった父親と共に休みをすごし、フィンランド語で会話できることを嬉しく思うに違いありません。

休み中の予算も何とか見通しがついていました。英語塾の生徒数が二年前から私一人で教えるには限界まで増えていて、稼ぎはそう悪くはありませんでした。節約を心がけて収入の半分を貯金に回しました。フィンランド人の平均を超える収入を得る一方、小さな山村での我々の出費はフィンランド人の平均的な生活費よりもかなり低いものでした。住まいの家賃が低額な上、野菜は自分で育て、お金を必要とする娯楽も台湾・香港旅行以外には使いませんでした。

この二年間でフィンランドの我が子どもたちは成長し、多くの変化があることを考えました。年齢の上でももはや子どもではありません。長女のパイビは秋に一八歳を迎えます。すでに親密に付き合っているボーイフレンドもいるようです。シニは一六歳を迎えて秋から高校に入ります。手紙でも少女から若い女性へと移りゆく変化が読み取れます。ヨウニも八月で一四歳です。思春期に入っているので肉体的にも速いスピードで男へと成長します。その年齢では父に対する姿勢も変わってくるでしょう。

会うなり私の顔を殴りつけるかもしれない。旅行が決まってから二カ月にわたって子どもたちと頻繁に手紙でやりとりをしていたものの、彼らは日常の暮らしぶりこそ詳細に書いていましたが、一度として心情を吐露した手紙はありませんでした。私は彼らの実の父親だ。しかし、彼らは私を父親だと思っていないのではないか。父親だと認めたくないのではないか。

三人の子どもたちは、父親をもっとも必要とする年頃でした。私は三人の子どもと母親をフィンランドへ追いやった張本人です。彼らは私の子どもだ、と思い直そうとしても、足元からその矜恃はぽろぽろと崩れていくのです。

緊張した再会

成田空港から一五キロ離れた所に駐めたライトバンの中で眼を覚ましました。三時間ほど仮眠をとることができました。深夜のドライブで橋場の家から三〇〇キロの距離を五時間ほどかけて、子どもたちを出迎えるために成田空港まで運転して来たのです。

午前九時に成田空港の到着ロビーへ行き、離着陸の電光掲示板を見ました。モスクワ経由のアエロフロート便は一時間遅れで一二時頃に到着、と表示されていました。空港ターミナルでさらに三時間待つことになったのです。ロビーの椅子に座りながら私は戸惑っていました。彼らと顔を合わせて最初にどう挨拶をするべきだろうか、と。

「お帰りなさい」と言うのは不自然に聞こえます。「日本へようこそ、再び会えてとても嬉しいです」それはダメだ。他人行儀過ぎます。

いっそ何も言わずに彼らを抱きしめたらどうだろう。しかし私は昔からそのような習慣が苦手で、わざとらしい振る舞いが嫌いなのです。二年前の再会でも彼らの到着や出発に際していっさいそんな真似はしませんでした。

彼らの母親と離婚して、そのあとすぐに日本人女性と再婚して一人の子をもうけ、さらに今、もう一人の子が誕生しようとしている。そんな男を許すだろうか。離婚のときパイビは一二歳、シニは一〇歳、そして長男のヨウニはまだ八歳でした。既に物心がついた年齢です。

親子四人で日本のアルプスを縦走しよう、と提案したのは一年前です。彼らにこの計画をうち明けたら揃って賛成してくれました。私を完全に否定しているわけではない、と不安を打ち消しているうちに三時間はたちまち過ぎていきました。彼らの乗った飛行機が「ただ今到着しました」というアナウンスが流れ、出迎えの人々が到着ロビーの出口に集まり始めました。

最初に眼に入ってきたのはヨウニでした。大きなスーツケースを押しながら、心持ち急ぎ足でやって来ました。パイビとシニはまだ現れません。

「パイビが持ち込んだスズランの花束について、税関の係員たちがどうすべきか迷っているので、ちょっと時間がかかりそうです」ヨウニは挨拶も忘れてそう報告しました。せめて握手をしようと思っていましたが、そのタイミングも失ってしまいました。ヨウニは短い旅から帰ってきたような気さくさでした。しばらく経ってパイビとシニが現れ、微笑みながら近づいてくるパイビの手にはスズランの花束がしっかりと握られていました。係員はパイビから花束をとりあげる気が失せてしまったようです。

その瞬間、三人の子どもたちを前にして私は何を言ったらいいのか、言葉を失ってしまいました。胸に熱いものがこみあげてくるのを感じながら、こぼれそうになる涙をじっとこらえ、ごく自然に振る舞うように装いながら「また日本へようこそ！」と口を開きました。

中央自動車道が混んでいたため、橋場の家に着いたのは夜の八時でした。車中ではフィンランド語を使いましたが、家では幸子と愛理のために会話を日本語に切り替えました。パイビとシニは、四年間も日本の小学校に通ったので、日本語はもう一つの母国語のように使えます。この六年間の間に少しずつ忘れたようでしたが、二年前にも夏休みを日本で過ごしたし、フィンランドでも日本語を使う機会が時々あるようで、思いの外流暢な日本語を話します。ヨウニのほうは、小学校に一年しか通わなかったのでかなり忘れたらしく、会話の意味は多少掴めるものの日本語の会話には加わりません。

幸子は、子どもたちが日本の食事をなつかしがるだろうと、スキヤキの準備をしていました。食事のとき、愛理は最初自分のお姉さんお兄さんを黙って見ているだけでした。二年前にも会っているのですが、そのときは二歳だったので覚えていなかったのでしょう。しかし、そのうちに幼稚園のことや友だちのことをしゃべり始めました。

食事が終わると彼らはスーツケースからお土産を取り出しました。フィンランドの沼地で育った野生木いちごで作った果実酒、リコリス（甘草とよばれる植物の根）の飴、ライ麦のパン、コケモモジャム、缶詰ニシンなどが次々とテーブルに並べられました。

「お父さん、昨日の新聞を持ってきました」とヨウニがフィンランドの新聞を差し出しました。その「お父さん」という言葉に、私の心臓は激しく揺れ動きました。ヨウニにとっておそらく自然に出た言葉だったのでしょうが、それは私にとって心からの安心感をもたらす言葉になりました。彼は深い意味でこの言葉を使ったのではないのかもしれません。パイビとシニからは、その夜「お父さん」と言う声は聞けませんでした。それでも彼女たちがこの言葉を意識して避けている様子はありませんでした。

愛理のためにフィンランド語の絵本が用意されてました。お土産のすべてが日本では手にすることのできない品物で、私にとっても懐かしいものばかりでした。「登山はまだ、三週間も待たなくちゃならないですね」とヨウニが急に山登りのことを口にしました。「僕は山登りの夢を何度も見ました。山の道で、大きな熊に出遭った夢も見たことがあります」

シニもこの話題にすぐ乗ってきました。「私は準備のために、一カ月前から毎朝ジョギングをしていました」「それはいい訓練です」と私は素早く反応しました。「私も毎朝一〇キロのジョギングをしています。どうでしょう。みんな私と一緒に山登りまでの三週間、毎朝ジョギングをしてみませんか。一〇キロが無理ならその半分でもいいと思います」この提案に三人みんなが賛成しました。

普段は居間として使っている和室に三人分の布団を敷き、私の書斎であり寝室でもあるもう一つの部屋に、私と幸子、愛理が一緒に引き上げました。子どもたちと過ごす夏休みが予定通りにスタートしようとしていました。

フィンランドと日本の教育方針

入梅を迎えて一週間が経ちました。これから少なくとも二週間は雨が数日続いては一日の晴天を挟んでまた雨、という気候が続きます。

私たちは北アルプスの縦走を六月三〇日からスタートする予定にしていました。それまでに山登りのトレーニングや座学などの準備期間がありました。子どもたちにはできる限り私の仕事と幸子の家事を手伝うようにと、来日前から手紙でお願いをしていました。パイビとシニには英語塾を手伝ってもらうことにしました。既に二人とも英語を流暢に話せたので、村の子どもたちも彼女たちから英会話を学ぶことを楽しんだようです。もう一つの仕事は当時私が翻訳中だった「源氏物語」の下書き原稿をタイプライターで清書することです。当時はワープロもパソコンもなかったのでタイプライターで書き、訂正は手書きでした。そのため清書のために新たに打ち直す必要があったので、彼女たちに打ってもらいました。ヨウニに与えた仕事は、冬に備えての薪づくりでした。我が家の居間には薪ストーブがあって、冬には家の周りを一周するほどに積み上げた薪が必要でした。

当初、パイビとシニは幸子の料理の手伝いもしました。幸子も彼女らに日本料理を教えることを楽しんだようです。

幸子のお腹には二人目の赤ん坊が宿っていて、私と三人の子どもたちが北アルプスへ行くのに合わせて九州へ里帰りします。幸子と愛理は六月一九日、実家のある大分へ飛行機で旅立つことになっていました。出産が予定日の通りであれば山歩きのフィナーレ直前に当たります。

帰省前に幸子は「あなたとどんなに深く結び付いていたか分かりました。結婚して初めのうちは、まだ精神的に親との繋がりのほうを強く感じていたのですが、今はこんなに長くあなたと別れることがとても寂しく感じます」と語り、まるで悟ったような表情で先を続けました。「今回のことは神様のお導きかもしれません。あなたは親子水入らずで山登りができるし、私も希望通りに二番目の子を産むことができる。おじいちゃんだって孫の愛理と過ごす三週間をとても楽しみにしているし、すべてが天の思《おぼ》し召しだと私は思います」

夕食のあと子どもたちが持参した写真を見せながら学校生活について語ってくれました。「授業中に数人の生徒が教室でうろうろ歩いたり、大声でしゃべり、何度もトイレに行ったりします。先生の話は聞きたいときしか聞かない」とシニが授業風景を説明し始めました。

「本気で勉強したい生徒の邪魔にならないのですか?」と尋ねると、「もちろん邪魔になるのですが、積極的に勉強している生徒は先生の話が聞こえるように前のほうに座ります」とシニが答えます。そのような授業環境では効果的な勉強が難しく思えます。「先生は生徒たちをもっと厳しくコントロールするよう努めないのですか?」と重ねて尋ねると、「無理だと諦めていますね。躾をしようとすると生徒がかんしゃくを起こすので、教師たちは見放しているようです。先生の自殺が増えています」

「それは日本と状況が逆ですね。日本では生徒を厳しく叱ると、生徒のほうが自殺します」と私は返しました。

日本とフィンランドの学校教育には大きな相違があります。フィンランドの教育方針を英語でひと言で表すと「Nobody is like you」、すなわち君のような人は一人もいない、という生徒観に立っています。日本の教育は「Be like others」と言えます。他人と同じように振る舞いなさい。着用を義務づける制服や厳し過ぎる校則、選択科目の少なさなど、画一的な教育が土台となっていて、よく言えば統制の取れた教育システム、悪く言うと個人の尊厳を軽視する方針です。

私には両国とも極端過ぎるような気がします。理想はたぶんその真ん中にあるのでしょう。フィンランドでは子どもたちに自由を与え過ぎている。そのせいで自由が気ままさや我の強さに変わっています。日本では学校が生徒たちを朝から晩まで支配している。夏休みは四〇日前後あるものの、休み中にやらなければならない宿題がたくさんあります。フィンランドの学校では、概ね夏休みは二カ月半です。それでもPISAの学力調査ではフィンランドのほうが日本より上位にランクされています。学校での勉強に多くの時間を費やし、学習塾にも多額の費用をかけているにもかかわらず、それに比例して成果が上がっているかどうか疑問が残ります。

子どもたちは私を許しているのだろうか

子どもたちが安曇村に来て一週間が経ち、幸子は四歳の愛理を連れて九州へ出発しました。私たちは、言わば親子水入らずになったわけですが、私は悶々としていた。子どもたちは父だと思ってくれているのだろうか。私を許しているのだろうか。

自分のほうから切り出すわけにはいかないという自制がとうとう利かなくなって、夕食後、子どもたちに問いかけてしまいました。

長女のパイビはためらいを見せずに答えました。

「私はまた日本にこうしてやって来ましたが、どういうわけか日本が私の故国という気持ちが強いんです。フィンランドでも日本のことをよく考えることがあります。自分はフィンランド人だと思っていますが、ここにいると自分は日本人のような気持ちがしてならないんです」

パイビはこう言ったあと、夏休みの間にもっと日本のことを知りたいと言いました。彼女の返答に少し肩すかしをくらった気になりました。

シニも同じような答えでした。

「この平野を取り囲んでいる山々を眺めていると、山に入る日が待ち遠しくてならないんです」

彼女はしばらく考えて、話を続けました。

「隣の家の小さなユキエちゃんはとても可愛くて、私が川沿いに下りて行くと、いつも付いて来るので、私たちは一緒によく遊んでいます。残念なのはユキエちゃんのお母さんが三〇分もしないうちに、連れ戻しに来ることです。私のほうはちっとも迷惑なんかじゃないんですけど」

最後に、ヨウニの意見を求めると、「ぼくは山に登ることしか頭にありません」とひと言述べたきりでした。

翌朝、ヨウニと山菜採りに行くと、不意に話しかけられました。

「ぼくは山の好きなお父さんを持ったことに、とても感謝しています。なぜなら、そのおかげで、まもなくぼくは山に登ることができるわけですから」

ありがとう！

しかしながら内心、私は自分が惨めで仕方なかった。自分が巻き起こした過去に自分はこだわり、子どもたちはその過去に囚われている感じがない、ということに。

「もうこの先、歩けません」

安曇村から蓮華温泉までの一三〇キロを車で移動して一日目の夜を迎えました。翌日、山に登って標高二三八〇メートルの白馬大池湖畔にある大池山荘に着きました。六月末だというのに雪が残っていました。一〇〇人くらい宿泊可能な山小屋ですが、登山客は私たち四人だけでした。シニは天狗の庭と呼ばれる一帯やはい松の低木に感動して「ラップランドにそっくり」と感嘆の声を上げ、パイビは谷底を見た途端に足から力が抜けるほどに不安を覚え、ヨウニは「今日の登りなんてぼくには大したことがなかった」と疲れを感じていないようでした。ラップランドとはフィンランド人が理想とする自然郷で、天空に舞うオーロラと総本家のサンタクロースが一人住んでいる神話的世界です。

翌日は眼下に雲海が広がる白馬岳を越えて、五時間かけて白馬山荘に着きました。途中で激しい雨に遭い、全員びしょ濡れになりましたが、厳しい登山体験を四人で共有できたことで、会話が弾みました。夕食前に幸子の実家へ電話を入れました。電話をとったのは幸子だったので、まだ赤ちゃんが産まれてないことが分かりました。

翌日、私たち一行は標高二一〇〇メートルに湧き出す鑓《やり》温泉に向かいました。途中の難所でパイビが突然ひざまづくと、大きな声で泣き出しました。

「とても怖い……ここから先へは……絶対に行きません」

そうは言っても、ここに残るわけにはいかないよ、とわざと厳しい声で私は諭しました。

「私はあなたのすぐ後ろに付いて行く。絶対にあなたを転落させない」

地図による測定では四時間の行程を私たちは一〇時間余り費やすことになりました。鑓温泉に着いたのは午後五時でした。

〈ここ白馬鑓温泉の山小屋の待遇は本当に素晴らしい。小屋のスタッフは私たちのもてなしに心を尽くしてくれました。宿泊客が大勢いたなら細やかなサービスは無理だったでしょうが、私たちの他には昆虫研究者の男性一人しかいませんでした。主人の馬場さんはユニークな山男で、おそらく誰とも上手くつき合うことができる人でしょう。常に元気そうで話題は尽きることがありません。でも、こんなところに独りで住むことが私には理解できません。私は一人でいるのをあまり好みません。大勢と一緒にいることもそれほど好きではないのですが、一人きりになることは寂しいです。社会から追い出されたという気持ちになります〉（七月六日「パイビの日記」より）

〈私は山を本当に好きになっています。山にいると人間の弱さや無力さを思い知ることができると同時に幸福感もあります。なぜ生きるべきかを誰でも考えたことがあると思います。私はよく考えますが、ここではそんな難しいことを考えません。この山小屋の責任者である馬場さんは自作のテーブルの脚に詩を書いています。

「生きることはつらくてきびしい
どうしてもやりきれなくなったとき一人で山に向かう
君よ、山はやさしく包んでくれるであろう」〉（七月六日「シニの日記」より）

しかし、翌日から山は私たちをやさしく包んではくれなかった。台風前線が山の上に居座り、朝から夜まで荒れ狂う悪天候と三日間、戦わねばなりませんでした。天狗小屋で一泊、不帰キレット、唐松岳、五竜岳、八峰キレット、さらに鹿島槍ヶ岳を越えて、冷地山荘にようやくたどり着きました。三日間で私たちはわずか二つのグループにしか遭いませんでした。

〈今日はパイビにとって最も大変な一日になりました。神経が高ぶっていてスネているように見えました。「もしあなたがイヤなのなら、無理に山歩きを続けなくてもいいです」と父はパイビに言いました。「三日後にいったん下山するとき、家に帰ってもかまいません。私たちが山歩きを終了するまで家で待っていてください」パイビは泣き出して「家に残れというのはひどいです。こんな私と一緒に歩きたくない、という意味ですか？　私も終わりまでみんなで歩きたいです」

家に残るようにと父が本気で言ってないことが私には分かりましたが、私もパイビと同じくらい疲れていたなら私も父の言葉をそのように受け止めたかもしれません。（中略）パイビはその後もしばらくむせび泣きを続けましたが、歩いているうちに少しずつ落ち着いていきました〉（七月八日「シニの日記」より）

赤沢岳、スバリ岳や針ノ木岳を走破して針ノ木小屋に宿泊後、いったん自宅に戻りました。家に着いたらすぐに幸子の実家に電話をしました。そして、午後零時過ぎに男の子が生まれた、という報せを受けました。名前も考えていました。喜びのあまり飛び跳ねたいような気持ちになりました。私は男の子を望んでいました。多比雄《たびお》です。そのあと病院にも電話をかけました。幸子は電話に出ることができて、疲れた声でしたが幸せそうに聞こえました。私たちは三〇分も話し続けました。出産も順調に済んだそうです。うちのフィンランド人の子どもたちも〝腹違いの兄弟〟の誕生を喜んでくれました。

山登りの「第二幕」はそれから三日後の七月一四日から始めることにしました。

〈私たちは今、想定のコースに入っていなかった雲ノ平小屋にいます。荒れ狂う山のなかで道に迷ってしまいました。予定した小屋から三時間も離れた別の小屋にやっと辿り着いたのです。濃い霧で一〇メートル先が見えなかった。さらに迷った理由のもう一つが、夏山登山者のための準備がまだ整っていなくて道標が倒れた状態で、分かれ道で方向を見失ったことでした〉（七月一五日「私の日記」より）

私の間違いから子どもたちを一〇時間近く歩かせることになりました。しかし子どもたちは一言の文句も言わず、最後の力をふり絞るように、私に付いてきたのでした。

父と子の深い会話

山歩きの最後の日、あと六時間ほど歩くと上高地に入ります。

上高地の斜面は私にとって忘れられない思い出の場所でした。八年前に「フィンランドのファミリー」と上高地で休暇を過ごしたとき、みんなで前穂高に登ることになりました。しかし途中で天候が急変して大雨が降り出してきたため、止むを得ずキャンプに引き返しました。ヨウニはまだ六歳でした。下りる途中で雨宿りがてらお弁当を食べました。今回、その同じところに着いたとき、子どもたちに訊いてみました。「この場所に覚えがありますか？」

「もちろん、よく覚えています。ただし残念なことは、お母さんが一緒じゃないということですね」とパイビは低い声で答えました。「ここでお弁当を食べましたよね」シニは明るく言いました。ヨウニはその頃六歳だったせいか、記憶は薄いようでした。「よし分かった、今回もここで弁当にしましょう！」と私は昂《たかぶ》る感情を抑えながら子どもたちに提案しました。そこはい松に囲まれた庭のような広場でした。ちょうど運よく着いたときには雲が切れ、上高地の景色が眼下に広がってきました。

「食べながらあなたたちに二つの大切な質問をします。心を開いて、ぜひ本当のことを言って欲しい。六年前になぜお母さんと離婚したと思ってますか？　また今年、この山歩きにあなたたちを誘ったのは、なぜだと思いますか？」

私の突然の質問に対して、子どもたちは黙り込んでしまいました。「では、年齢の若い順でいきましょう。ヨウニはどう思っていますか？」

彼はちょっと照れくさそうにうつむいていましたが、「お父さんが決めたことですから、それなりの理由があったのでしょう。もちろん、ずっと一緒に暮らしたいと思いましたけれど、今では仕方がないと諦めています。それより、今度の山歩きは、僕にはとても楽しいものでした。なぜ、お父さんが山登りを計画したのかは分かりませんが、僕はとてもありがたいと思っています。これ以上僕は今わかりません」

ヨウニはそれほど過去を気にせず、今という時間を精いっぱい生きている子どもです。だから、ヨウニの返事を私はそれほど怖れていなかったし、心配もしていませんでした。しかし、シニとパイビは違うでしょう。今度は、シニの番です。

「こんなところでそんな難しい質問に即答するのは難しい」シニは硬い表情でした。シニには言いたいことがたくさんあるような感じを受けました。しばらく押し黙った時間が続きました。

「……別れた年からこの六年間に、私たちはお父さんから何回も何回も手紙をもらっています。その手紙の中で、お父さんは自分のやったことの理由をいろいろ説明しました。謝りもしました。弁解もしました。けれども、お父さん自身の考えがはっきりしていないと、私には思えてなりません。つまり、お父さん自身が、自分がなぜ私たちと別れたかを、もしかしたら知らないじゃないかと、私は幾度も考えたことがあります。何が自分を動かしたのか、どうして私たちをフィンランドへ帰したのか、どうしてお母さんと別れたのか、お父さん自身も理解できていないのではないでしょうか。それを私たちが、お父さんよりも分かることが、どうしてできるでしょう。人間は、自分が何か変なことをしでかしたとき、自分でも理由の説明がつかないことがあります。そういう経験は私にもあります。だから私はヨウニと同じように考えています。理由はどうあれ、それを今さら悩んで何になるのかなって。この別れた六年間を元に戻すことは不可能ですから、それよりも、この先のことを考えるのが一番大事だと思います」

きっぱりと言い切った後、少しの間を置いて続けました。「この山登りのことですが、お父さんは私たちを誘って少なくとも、私たちと一緒に夏を過ごしたかったのは事実です。それはヨウニと同じく、私もとても嬉しいし、ありがたく思っています」

私はシニの哀しみにひざまずき、心の柔らかさに感動を覚えました。

「ありがとう、シニ。私もシニが言ったように自分の動機と心境を繰り返し考えてきました。しかし、魂の淵をぐるぐると回っているようにわからないのです」

パイビは、発言の順番を待つ間に考えがまとまったのか、私が黙るとすぐに話し始めました。

「私は、お父さんを動かした理由が一つだけとは考えていません。いろいろな要因が重なった結果だろうと推測しています。もしかすると、一番の原因は、お父さんとお母さんのキリスト教信仰が、だんだん違ったものになってきたのかもしれません。お父さんは、お母さんの信仰をあまり評価していません。生き方もあまり認めていないように思えます。それは、私にも分からないことではありません。お父さんからすれば、お母さんの宗教に対する考えは、とても狭く感じるかもしれません。お母さんを偽善者のような人間と見ているのかもしれません。お父さんは教会の考え方からはみ出ています。そしてお母さんのほうでは逆に、教会から離れてしまったお父さんを許し難いことだと考えて、ますます教会に対する信仰を強めています。この考え方の違いが、葛藤を生んだ素かもしれません。けれども、お父さんはとても自分勝手だと私は思っています。たとえひとりの人間として、自分の生き方を選ぶ権利があるとしてもです。

私から逆に質問したくなります。お父さんはまだ、私たちを家族だと思っています。家族として、私たちと一緒に夏休みを過ごしたいのです。今もなお、私たちの父親であることを証明したかったのでしょうが、実を言うと、二年前の夏休みに来日したとき、私にはまだそんな期待感がありました。つまり、私たち四人は一つの家族として過ごしたかったのですが、幸子さんも愛理も一緒だったので、その期待は崩れてしまいました。そのとき、私たちはもはや一つの家族ではないのだということを悟りました。そして諦めました。お父さんにはすでに新しい家族がいるのです。私たちと離れて新しい家族と住んでいるわけですから、それも自然なことです。私にはもうボーイフレンドがいますから、お父さんを頼る必要もなくなったし、今さらそういう関係を無理に築くこともないでしょう。それでも私もこの山歩きをとても楽しんでます」

パイビが長い話を続けているうちに、さっきまで見えていた上高地が大きな黒雲にすっかり覆われてしまいました。私たちは腰を上げて黙々と歩き出しました。上高地はすっかり見えなくなっていましたが、このまま歩き続ければ私たち親子はやがて目的地にたどり着けるでしょう。

安曇村から湯河原町へ

『夫婦仲を再訓練しようという道場が湯河原に登場して話題になっている』

一九八一年七月一日付けの『東京中日スポーツ』紙に掲載された記事の見出しです。湯河原町へ引っ越したばかりの私たちが、数組の夫婦がホテルの一角に集まってグループ・ダイナミクス理論に基づく自由討論の集いを始めたという記事で、その進行役を務める私たち夫婦の活動が紹介されました。

安曇村での暮らしに不満はありませんでした。しかしながら日本国籍を取得したあと、自分が日本に派遣された使命とは何かという自問自答が強くなってきました。四年間続いた『源氏物語』の翻訳作業がようやく終了して区切りがついたことと、英語塾は軌道に乗っていたものの最小の収入しか得られないという経済事情もありました。安曇という人口の少ない村では、生徒もそうやすやすとは増えません。翻訳と英語塾だけで「日本人」としての一生を終えるつもりもありませんでした。これまでの経験を活かして何か新しいことができないだろうか。

夫婦間に潜在する心の問題を扱うカウンセリングはどうだろう？　全くの思いつきでした。そのアイデアを幸子に告げると、彼女は即座に賛成してくれました。しかしそのアイデアをどのように実行すればいいのかについては手がかりが全く有りません。二カ月間思案したあと、どこかの温泉街のホテルへ泊まりに来る夫婦を相手にグループカウンセリングを行ってみたらどうだろうかと、実行プランを立てました。関東圏から一五〇軒の温泉ホテルを選んで、計画を説明する手紙を送りました。興味があれば連絡をくれるようにと書き添えました。

「宿泊客のご夫婦に、フリーディスカッションを通して夫婦生活の悩みを語り合うカウンセリングをご提案します、数組の出席者夫婦がホテルの一室で私の進行役の下、恥をさらしてオープンに心の問題を語っていただく人間性回復プログラムです。（中略）その際守るべきルールはあります、配偶者を責めない、一般論を避ける、自己反省に重点を置くなどです……」

返事が三通来ました。そのうちの一つが湯河原にあるホテルでした。わずか一回会っただけで話はとんとん拍子に進み、そこの社長夫妻が私たちを湯河原に迎え入れ、英語塾の生徒たちまで探す手はずを整えてくれたのです。

安曇村の人たちに引っ越すことを伝えると、「なぜですか？ ずっとここに居ればいいのに」と口々に言われました。私の意志が固いことを知ると、引っ越しのためのトラックを出して、湯河原まで荷物を運んでくれました。村人にはガソリン代程度のお礼しか受け取ってもらえず、逆にたくさんの方々から餞別までいただきました。安曇には七年住んだことになります。

湯河原は伊豆箱根の山々と相模湾に挟まれた風光明媚で静かな保養地です。神奈川県の最も南西の位置にあり、東京から一〇〇キロほど離れた古くからの温泉町です。町の旅館と温泉が訪れる入湯客をおもてなしする観光地で、周囲の山々にはハイキングコースもあり、相模湾沿いにひらけた幅一キロのビーチには夏場の海を楽しむために海水浴客も大勢やって来ます。

しかし、私たちにとって湯河原へ引っ越した主目的は、ホテルに泊まる夫婦たちにグループカウンセリングを提供することでした。参加者がリラックスした雰囲気の中で夫婦生活の悩みなどを語り合ってもらおう、と立案したのです。しかし結論から言うと、この集いはわずか一年半しか続きませんでした。夫婦の問題を人前で話し合うことは日本人にとって馴染みのないことでした。とくにくつろぐために湯河原へ来た夫婦がホテルの夕食をとったあとカウンセリングの集いに参加する気にはならなかったようです。それにホテル客の大半が会社などの慰安旅行のグループで、夫婦で宿泊する客は稀でした。

従ってこの仕事は上手くいきませんでしたが、成り行き上、我々家族は東京から電車で二時間の温泉町に住むことになったのです。子どもたちの将来や教育を考える上でも理想的なところでした。もっと言えば、別府で温泉のファンになった私が湯河原でもその楽しみを続けることができたのです。温泉から得られる爽快感はフィンランドのサウナに並ぶものでした。

私たちに用意された借家からビーチまでは一〇〇メートルしかなかったので、夏の間は毎日のように朝のジョギング後に海で泳ぎました。湯河原に引っ越した幸運は神の導きによるものであると私たち夫婦は感じました。あとで湯河原の歴史をもっと詳しく知れば、私が恃《たの》みとする侍にも深い関係がある歴史的な町であることが分かりました。湯河原を本拠にした土肥実平武将の支援によって、源頼朝が鎌倉に幕府を設けました。そしてこの原稿を書いている今、私もまた鎌倉の地に生涯の我が家を建てました。このような繋がりというのは決して偶然の成り行きではありません。輪廻転生を信じている友人の一人が私に冗談めかして言いました。「あなたも前世では侍として湯河原と鎌倉に住んでいたのかもしれない」と。残念ながら前世の記憶は新しくこの世に生まれるときに初期化されるので、この友人の推測が事実かどうかは確かめることができません。いずれにしても、今回も私の人生行路は予め用意した道ではありませんでした。自分の意思を超えたところに運ばれたのはこれで三回目となりました。少なくとも自分を動かし、導いていく力が何であるかの説明をすることは今も難しいと感じるのです。

夫婦セラピーの集いは週一回の頻度で行いましたが、参加者は想定よりも遥かに少ない状況でした。そして、私たちを湯河原に迎え入れてくれたホテルのオーナー夫妻は離婚という結末になりました。もともと夫婦仲に問題を抱えていたので、セラピーによって望ましい結論を見つけたいと、私に期待していたのかもしれません。しかし私にとってセラピーの集いのおかげで日本人の心を垣間見ることができました。とくに日本人のセックス観について、多少の違和感を抱きました。セックスは食事と同じと考える男性が多いようです。お腹がすくから食べる、したいからやる。妻の役割はその両方の欲望を満たすことです。妻が相手をしてくれなければ、別の女性のところへ行ってよい。女を買うことは許される、という昔風な意識が今なお見え隠れしています。売春ツアーに参加する日本人も多いようです、妻の黙認前提で。

ある夫妻は、次のような話をしました。

「以前、東南アジアに旅行に行ったときのこと。妻が、どうせ遊びに行くんでしょ、くれぐれも病気にかからないようにね！　なんて茶化しながら新品の下着をそろえてくれたんです」

しかし、彼の妻はすぐさま反発の発言をしました。「あれは精いっぱいの皮肉です。本当は無性に腹が立っていたのよ」

このやりとりは、典型的な日本人夫婦のように聞こえました。旅行先では息抜きのために女と遊びたい。ストレス解消にたまにはソープランドへ行ってみたい。カウンセリングではこのような考えを持っている男性が多くいました。

北欧と言えばフリーセックスという言葉が知られていますが、これは自由に誰とでもという意味ではありません。セックスビジネスよりも好きな相手と感情が伴うセックスをすることを大事にした結果なのです。フィンランドで盛んになっている「オープンマリッジ」（入籍せずに同棲すること）は日本でも多くなっています。日本の伝統的な習慣ではカップルが入籍前に同棲することはほとんどありませんでしたが、現在ではその風潮も変わりました。それでも学生寮などで男女が同じ部屋に住むことを日本ではほとんど認められていないようです。フィンランドでは大学寮でも男女の同棲は自由です。

セックスは大人の愛を表すための最も素直な行為であると私は思っています。当然、相手に対する責任感も必要とされます。責任感と精神的なつながりがなければ、セックスは不自然なものになります。日本の映画のなかでは、暴力に繋がったセックスが出てきます。漫画も然りです。この無自覚な性表現は、若者にとって決して好ましいとは思えません。

夫婦セラピーが中止になったあと、とりあえず生きるために英語塾に集中することにしました。しかし、内心、これでは安曇村での生活と同じではないかと、焦燥感を覚えました。

挫折感に苦しむ

湯河原の最初の一〇年間は、私にとってフラストレーションに苦しむ期間でした。と言っても表向きはすべてが順調過ぎるくらい上手く運んでいました。英語塾は雨のあとにキノコが一気に生えるが如く生徒が増え、最盛期には六歳から七〇歳までの生徒合わせて一六〇名にのぼりました。週七日間を、朝から午後四時までは大人のクラス、もしくは個人レッスンをやり、夕方からは子どもクラスを午後八時まで、さらに夜一〇時までまた社会人クラスを教えるという猛烈さでした。お蔭で月謝収入は家計と、パイビとシニとヨウニへの仕送りをしても十分過ぎる額で、夏休み旅行の貯金もできました。

初めのうちは健康にも問題がありませんでした。健康維持のために毎朝一〇キロのジョギングをして、そのあと海かプールで泳ぎました。最初の数年間は教えることも楽しかった。その頃英会話塾は日本中、ブームのような人気でした。親たちが将来を考えて英語の勉強を子どもたちに提供したかったのです。日本の中学校や高校の英語教育は文法の学習と文章を訳すことだけに特化していました。シェークスピアがテキストとして使われているほどに古めかしい内容で、日本人の大半はシェークスピア劇の原文の一部をそらんじています。学校の英語教育は中学一年の一二歳からスタートするので高校を卒業するまで合計六年間学ぶことになります。ところがシェークスピア芝居の観賞はともかく、日常英会話ができる生徒はほとんどいないために、英会話塾のニーズが高まったのです。

幸子と私は愛理と多比雄に英会話力を身につけさせようと、家庭内での日常会話を英語に切り替えました。学校に入るまでふたりは家の中で簡単な英語をしゃべっていましたが、学校での授業がすべて日本語だったので英語を使う機会は少なくなりました。家で彼らに英語でしゃべりかけても答えは日本語で返ってきます。それでもふたりは英会話の基礎を身につけることができました。高校卒業後、彼らは共に一年間オーストラリアへ「ワーキングホリデー」に行きました。愛理はその後も引き続いてオーストラリアに残りエステティシャンの学校で二年間勉強しました。幸子も英語を教えることに興味が湧き、小さな子どもたちに歌やゲームを通して学ばせるレッスン講座を始めました。彼女の生徒数は五〇名にまで増えました。学校が夏休みの期間中は英会話塾を一カ月間お休みにして、家族キャンプや海外旅行をして過ごしました。

幸子は家事と英語塾のためにベストを尽くしました。しかし、夫婦の間に口論もしばしば起こり、ときにはそれが朝方まで続くこともありました。その原因の一つは幸子が約束の時間に遅れがちになるという癖でした。たとえばある日、車で友だちに会いに行き三〇分後に帰宅すると約束します。そのあと私が車を必要としていたからです。ところが一時間も遅れて帰宅したので、私は自分の大事な用事をキャンセルしなければならなかった。私は時間を厳格に守る主義ですが、その頃の幸子には時間を守ることが難しかったのです。

もう一つの問題が性的交わりの頻度についてでした。私は週二、三回のセックスを望んでいましたが､彼女はもっと少ない回数を希望しました｡彼女が忙しいときや疲れているときはセックスを楽しむことができません。私にとってセックスは疲れたときであってもリラックスタイムでした。冷静に考えると自分の要望は単なるわがままでした。それでもセックスは私たちにとって最初から重要な絆でした。幸子は気分が乗らないときも私の期待に応えるよう努力してくれました。激しい喧嘩もたいていはベッドで仲直りすることで終了したのです。

愛理と多比雄の教育方針についてもしばしば議論を戦わせました。日本の学校では多くの宿題が出されます。たとえ四〇日間の夏休みであっても。愛理は宿題をやることに興味がないようでした。幸子が勉強するようにと命令しても、自分の部屋で漫画を読んでいました。日本の母親たちは子どもたちに家事の手伝いを要求しません。母親が一人で家事のすべて、掃除、洗濯、料理をやります。父親は夜遅くまで残業するか、友人や同僚と一緒にバーや居酒屋で飲み会をして子どもの教育を母親に委ねます。幸子は愛理に料理を教えながら手伝ってもらいたかったのですが、愛理は家事をやりたくなかった。結局、親子関係は悪化し、愛理は高校を中退して東京へ引っ越してしまいました。のちに気がつけば私も典型的な日本人の父親と化していて、子どもの教育を妻に任せきりにしてしまったのです。

多比雄も中学時代から幸子に対して反抗的になり、高校ではタバコとアルコールを始めました。それでも中学校の成績がよかったので、地域のもっともレベルの高い高校に入学しました。しかしそのあとすぐに勉学意欲がなくなり、自由に使える小遣いを得るためにバイトを始めました。私は彼に自分のことを自分で管理する自由を与えたので、親子関係自体は悪くありませんでした。彼は大学に行きたいと私には一度も言わなかったのですが、ずっと後になって、大学へ行きたい気持ちはあったが選挙活動が始まって家から学費をもらうことができないと忖度して大学進学を諦めた、と漏らしました。結局、私の日本人である子どもたちとフィンランド人である子どもたちの状況が同じになってしまった。つまり、父親のサポートなしで大人に成長したのです。

パイビとシニはフィンランドで、優秀な成績で高校を卒業しました。送られてきた卒業写真のお礼に、お祝いの気持ちとして少額のお祝い金を送りました。彼女らは実の母親から才能を受け継いだのだと思います。彼女らの成長と成功に私が果たした役割は少なかったはずです。長女パイビはクオピオ（Kuopio）にある医学大学に入学し、次女シニは最初イスラエルのキブツ（共同農場）で半年働いたのち、ハイファ市（Haifa）の大学に入学し、のちに分子生物学博士号を取得するまでになりました。その後、イスラエルで結婚して三人の母親になりました。長男のヨウニは大学でエンジニアの資格を取得しました。

湯河原では初めのうち借家に住んでいましたが、一九八四年に住宅ローンと幸子の母親の援助で自分の家を購入することができました。その年の夏休みにはヨーロッパへ二カ月の旅行をしました。フィンランドで一カ月、ヨーロッパ各地を一カ月間鉄道で回りました。その間の一カ月間はパイビがボーイフレンドと一緒に湯河原へ来て英会話塾を二人で代行してくれました。もちろん二人の旅費と滞在の経費は私が負担しました。翌年ヨウニは一人で来日し、夏休みを私たちと一緒に日本で過ごしました。シニのところへは二年後に訪ねることができ、シニと夫ヨッシと一緒にレンタカーでイスラエルの各地を二週間回りました。

湯河原の私たち一家は他者の目に映る外面的な暮らしぶりについても、自分たち家族の内面的な暮らしぶり自体についても順調で、大きな瑕疵《かし》はなく、収入は十分な額となって経済的な悩みもありませんでした。しかし私の健康には二年目から問題が生じ始めました。最初の病気は痛風でした。痛風は生活習慣病で、太り過ぎ、肉の食べ過ぎ、アルコール飲料の飲み過ぎなどが原因です。もちろんプリン体を多く含む食品も禁じられています。プリン体のせいで尿酸値が上がり、関節に強い痛みが出ます。私の場合、痛風は主に足の親指に起きました。幸い近年はよく効く鎮痛薬があるので、発作を数日で抑えることができます。痛風を悪化させないためにに肉食を止め、幸子がプリン体の少ない料理を作るよう工夫しました。医者の勧めで一日二リットルの水も飲みました。それでも痛風が完全に治ったのはずいぶん先のことです。

痛風にかかった原因の一つには精神的ストレスがあったかもしれません。生活習慣を改めたあとも痛風の症状を頻繁に感じましたし、軽い発作も出ました。もう一つ健康を脅かしていたのが高血圧でした。医者の診断によると、その原因にもストレスが関係しているそうです。英会話を教えること自体は楽しかったのですが、これは私に与えられた天職ではないという気持ちをずっと抱いてました。英会話を教えるために日本に派遣され、前妻と別れたのでは決してないはずです。看護師の資格がある幸子は私の健康管理にも人一倍気を遣ってくれました。彼女のおかげで生活習慣が改まり、食事が健康的になりました。フィンランド時代から私は肥満気味で、体重を減らすためにいろいろなことを試してきましたが、それまで成功と失敗の繰り返しでした。タバコを止めることにも苦しい思いをしました。しばらくの間禁煙に成功してもまた喫煙を始めてしまうという繰り返しでした。パイプとシガーを吸っていたのですが、一度、所有しているパイプを全部ハンマーで叩き潰したことがあります。しかし数週間後にまた新しいパイプを買ってしまった。が、多比雄が重い喘息にかかったことを心に重く受け止めて、私はようやくタバコを止めることに成功しました。

その頃幸子も私と同じくらい挫折感に苦しんでいたと思います。英語塾のような自営業では自由になる時間がほとんどない窮屈な暮らしだったのですが、それは私の慢性病が顕在化したために表面化しませんでした。しかしのちの一九九二年、湯河原町議会選挙の三カ月後、幸子は子宮摘出のために入院しました。手術は予想より難しく長い時間がかかりました。回復したあと彼女は手術のときの臨死体験を次のように話しました。

◇

手術直後の未覚醒の意識の中、淡いクリーム色の岩山の前で私は上空を仰いでいました。一〇メートルを優に超えるその滑らかな剥げ岩に手をかけて、私は素足で登ろうとしていました。二歩登っても三歩登っても、スルリとすべり落ちて少しも上に登れません。

岩山の頂のほうから何やら賑やかな歌とおしゃべりが聞こえてきます。どうやら陽気な酒盛りが催されているようでした。よくよく見るとそこにいる面々は私の亡父、亡祖父母たちであり、全員がすでに亡くなった親戚の者たちのようでした。楽しげな輪の中に加わりたいと懸命に手足を岩に掛けますが滑って登れません。眼下には荒涼とした賽の河原が広がっていました。

そのうち反対側の天空から聞き馴染んだ声が聞こえてきました。

「お母さーん、こっちだよー！　早くおいでー、迎えにきたよー！」息子と夫、娘が乗った車が天空から抜け出るように走って来ました。

「お母さんはこの車に乗るんだよー。そして僕たちと一緒に帰るんだ！」

いつのまにか私は車の中に乗り込んで家族とともにどこかに着いていました。意識がぼんやり覚醒した後も胸元が締め付けられるような苦しさが続き、私は疲労困憊していました。一滴の水も喉に通らない状況で術後四日目の朝を迎えました。息子と夫がベッドの際に立っていました。息子が私の背中をやさしくマッサージしました。どれほどの時間が過ぎ去ったのか記憶にありませんでしたが、その後憑き物が落ちるように私の食欲が出てきました。食事が摂れるようになってからの体力の回復は早いものでした。

◇

この臨死体験のあと幸子は生まれ変わったように新しい人間になりました。性格が以前より明るくなり、余計な喧嘩もほとんどしなくなりました。

第Ⅲ章

青い目の議員誕生

1995年、参議院神奈川選挙区（定数3名）から
無所属で立候補し、4位の次点で落選。

不意の閃き

町議会選挙に出馬しようという決意は、日本に宣教師として行こうと決めた二六歳のときと同様、突然の閃きでした。今度もまた何か不思議な力に自分が突き動かされている、と感じました。自分が導かれる、その力と導きの源は神であるという確信は日本仏教の「悟り」に通じているかもしれません。自分の道を歩もうとすれば、必要な知恵と助けは神から与えられると固く信じるのです。二六年間にわたる日本での生活の総仕上げだ、今ぞそのときが来た、と確信しました。

選挙半年前の一九九一年秋、まず幸子に私の思いを告げました。彼女は驚く様子もなく、直ちに賛成してくれました。「政治があなたに与えられた天職と信じるのなら、選挙の準備をすぐに始めましょう。これまでと同様どこへでもあなたについて行きます」幸子の心のこもった励ましの言葉に勇気づけられて、決意は揺るぎないものになりました。

しかし、私のフィンランドにいる姉妹たちの反応は違っていました。一人の妹から厳しい批判の電話がかかってきました。「政界は悪魔に支配されています。政治家たちは名誉と自分の利益しか考えていません。一日も早くそんな計画を捨てなさい」多くの〝まじめな〟クリスチャンたちが政治を〝醜いゲーム〟と考えていることは以前から知ってはいましたが、それでも妹の意見には少なからずショックを受けました。

最初は、日本人の友だちの中にも出馬に反対する人が数名いました。「議員の仕事はきわめて難しい。複雑な人間関係もあなたの率直な（馬鹿正直な）性格では大変です。英語教育に引き続き取り組み続けることが賢明です」とある友人から忠告を受けました。しかし「気楽な生活を私は望んでいません。不可能に近いチャレンジにこそ最も魅力を感じるのです」と言うと、私の決意が固いと分かった友人たちはそれ以上反対しませんでした。それどころか、それぞれが自分にできる方法で私をサポートし始めてくれたのです。一人は地方新聞に私が出馬を考えていることを伝え、一週間後当の新聞記者からインタビューを受けると、そのニュースは直ちに全国紙や他のマスコミ媒体へと広がりました。もし議員に選ばれれば、西欧出身の議員として日本では初めてのケースになると言われましたが、そんなことは考えも及ばなかったことでした。

準備の第一歩は後援会を作ることと選挙公約の政策を作成することでした。当時湯河原ルーテル教会の牧師職に就いていた栗原茂氏に後援会長を依頼すると、彼は迷わず引き受けてくれました。彼と一緒に政策を作成し、新聞の折り込みチラシで湯河原町すべての家庭に配布しました。

私が政治モットーを考えていたとき、環境保全に関する英字雑誌から一つのスローガンが目に留まりました。“Beat the doom and gloom, be positive”、前向きな姿勢によって悲運と失望を打ち破ることができるという意です。強い共感を覚えながらそのスローガンに見入りました。青空に稲妻が走るような強い閃きが脳裏をよぎりました。

これだ！　私のこれからの政治活動のキーワード！

このときに決めた座右の銘が私の政治活動で終始一貫する指針となりました。そこに自身の成功の秘訣が潜んでいる、と確信しました。

社会や世論や人間の間違いを叱責や攻撃的な姿勢で直すことはできません。もし自然が病んだとして非難を浴びせかけたら元通りになる、というわけではないのと同様です。人間だって自然のひとつです。健全化は前向きな言動と活動でのみ可能となるのです。

ポジティブな姿勢がいかに大切であるか。過去にもたくさん挙げられています。世界的によく知られている例がイソップ物語の「北風と太陽」です。北風と太陽はどちらが強いかと口論し、旅人のマントを脱がせたほうが勝利者であるという競争をしました。まず北風が旅人に強い風を吹きつけるが、強く吹きつければ吹きつけるほど旅人はコートをしっかりと押さえるので、北風はあきらめます。次に太陽が暖かい光を照らすと、旅人は暑くなってすぐにコートを脱ぎます。物語には、説得は暴力に勝る、という暗喩が込められています。この物語のエピソードに基づいて日本では「太陽政策」という言葉もよく使われます。つまり、攻撃的な圧力より建設的な提言が有効であるという考え方です。不祥事や不正行為を明らかにすることや批判することは必要である、と私も考えています。しかしそれは外国生まれの政治家志望者がとるべき行動ではありません。よそ者が日本のやり方を批判すれば日本人はなお憤慨します。しかし、逆に日本の良いところを評価した上で新しい政策を提案すれば、それは受け入れられる余地が広がって評価されます。

ギリシャ出身の作家、ラフカディオ・ハーン（Lafcadio Hearn 一八五〇〜一九〇四年）からは多くの刺激を受けました。彼は四〇歳で当時居住していたアメリカから来日し、翌年に小泉セツと結婚したのち日本国籍を取得、小泉八雲という日本名をいただきました。日本の伝承文学を英語に訳すことによって、日本文化を西洋に紹介して高く評価された人物です。彼が日本人の生き方を批判よりも受容する視点を持ってありのままの姿を写し描いたことを、私は特に高く評価しています。私自身の建設的な姿勢は、小泉八雲の志向と軌跡から学んだ多くのことに影響されています。

選挙の準備をしているときもう一つのスローガンを英語で思いつきました。"Blue earth in blue eyes"、青い地球を見つめる青い目。青い地球とは、環境保全の重要性を訴える言葉で、青い目は西洋人を指します。フィンランド語では、青い目は騙されやすい性格とされていて、その反面、信頼できる人というイメージもあります。また気取らない誠実な人という意味もあります。これらのすべての性質が私によく当てはまっている、と私自身思ったのです。

選挙公約は五つの提言に絞りました。

一．町民から地球民へ
二．ごみと公害のない町
三．批判するより提言を
四．譲り合いと助け合い
五．政党にこだわらない町政を

選挙が始まるまでに後援会の会員数は一五〇名となり、加えて多くの人から応援するという主旨の電話をいただきました。しかし驚いたことに、大半の人は「自分の名前を公表しないで欲しい」と頼むのです。支持することを公にしたくない、という心理は政治にはよくあることです。ともあれ、私を取り巻く熱気からすれば、当選ラインの五〇〇票は充分に可能であると計算しました。

選挙の助人《すけっと》が現れる

選挙の準備をスタートすると奇跡のような出来事が次々に起こり始めました。前にも書きましたが、自分の進むべき道が予め用意されていたかのように、必要な支援が奇跡的に与えられることに驚きました。

奇跡の一つは和田宗春氏との出会いです。彼は当時二七歳、早稲田大学大学院在学中の一九七一年に東京都北区区議会議員となり、以降区議と都議を合わせて五期務めるに至った若き政治家でした。彼は仲間と共に設立した「地方から政治風土を改革する会」の代表を務めていました。東京新聞の記事から私の出馬を知り、ぜひ会って話したいと選挙二カ月前の一月に彼から電話をいただきました。その時点ですでに朝から夜遅くまで多くの電話がかかっていたので、町外からの知らない人の面会依頼は断ることにしていたのですが、彼との電話で直感が働いて湯河原で会うことにしました。一時間ほど話し込んだのち彼らの会に入会しました。彼の政治に対する熱意に魅かれると同時に、政界の先輩として慕うに足りるこころざしの人だということが分かりました。町議会選挙にあたって、彼は私の右腕となり力を貸してくれました。政策をまとめあげたり、選挙スローガンを考えたりと、選挙前から東京―湯河原間を無償で何度も足を運んでくれました。選挙運動のときには、最初から最後まで、私のそばを離れることはありませんでした。期間中に泊まった民宿の費用も全部自分で払い、トランジスター・メガホン（拡声器）やジャンパーなどの選挙道具まで貸してくれました。私たちの選挙には五〇人ほどのボランティアが参加していましたが、私を含むすべての人間が素人で、選挙のプロは和田氏一人だけでした。もし彼の助けがなかったら、上位四位での当選は難しかったでしょう。

相場は一票一万円?!

ある日の夜、ある知り合いの男性から、いい話があるのでぜひ会いたいという電話があって、彼が指定した時間と場所で幸子とふたりで会うことにしました。彼が用意したのは一種のクーポン券のようなシステムでした。私に投票することを約束した人が、自分の名前をクーポンに書いて、彼から五千円を貰います。その投票者の氏名が書かれたクーポンを、私に一枚一万円で売りたいという提案をしたのです。一〇〇票を簡単に集めることができる、と彼は付け加えました。私が動いた証拠は残らないのでバレることはありません。「これまでは別の候補者に票を売っていました。しかし今回はあなたが政治に新風を起こしてくれそうなので、あなたを応援したい」と微笑みました。

しかし、私の顔に乗り気でない表情を見てとると、「ではツルネンさんの場合に限って相場を一枚五千円に引き下げます」と再提案してきました。そこまで私は黙って彼の話を聞いていましたが、きっぱりと断りました。「私は政治の汚れを正すために今度の選挙に立候補するのです。あなたのやり方は明らかに選挙違反です。そのような支援を受けることは絶対にできません。そんなやり方をあなたも止めてください」と。しかし彼はまだ諦めませんでした。「それは理想に過ぎません。選挙はそんな甘い考えでは通りません。当選するためにいろいろな手を打たなければならない。当選してからきれいな政治をやればいいでしょう」

「いずれにしても、私は法律で認められている方法しか使いません。湯河原にはきれいな政治を望む人がたくさんいると信じています」と私が言うと、彼はまるで自分のやり方を弁解するように「私は、私のやり方で選挙に参加します。ただ、このことは誰にも一切言わないでください」と返してきました。

「あなたの名前は公表しませんが、このような票を売ることが行われていることを明らかにすることが政治をきれいにするために必要です」と言って、私たちは彼と別れました。

のちにこの一件を新聞記者のインタビューで話すとかなり話題になって、地元紙で私への非難が起こりました。「湯河原を有名にするのは結構だが、それが湯河原の恥部をさらすものだったり、悪評だったりするのなら迷惑だ」と何回も書かれました。しかし、私を応援する記事も現れました。「いつまでも臭いものに蓋をするのはよくない」というものでした。励ましの手紙も二〇通ほど届きました。

町議選が始まる

日本ではロックの野外コンサートより喧《かまびす》しい選挙合戦が繰り広げられます。街宣カーのような車はゆっくりと街路を進み、ウグイス嬢と呼ばれる女性が候補者の名前を大声でのべつまくなしにマイクで絶叫し、投票用紙にその候補者の名前を書くよう促します。ときどきは思い出したようにスローガンもアナウンスしますが、その内容はどの候補者も似たり寄ったりで、町政や町民の生活にバラ色の未来を約束するものです。「安全安心な町づくり」「子どもとお年寄りに優しい政策」が実行できるのは当の候補者しかないと訴えます。

今回の選挙では二四名の立候補者のうち二二名が選挙カーを使いました。湯河原の町はそれほど広くはないので、朝から晩まで五日間、どこにいても複数の候補者の名前が同時に街に響きます。ラウドスピーカーから聞こえる大音響はうるさくて不快だと私は感じるのですが、大多数の日本人はそのやり方を容認しているようで、このような街宣活動に対して反対の声はほとんどありません。

しかし、私は選挙カーを使わないことにしました。

一、コストがかかり過ぎる。
二、うるさいのは性に合わない。
三、他候補者の真似をしたくない。

自分が良しと考える方法に則って選挙戦を戦いたかったのです。だから車の代わりに歩いて動き回ることにしました。地方選挙では印刷物の配布が禁止されているので、唯一の宣伝方法は政策を口頭で訴えることでした。屋内演説会を開いて政策を訴えることはほとんど効果がありません。なぜなら演説会にはすでにその候補者を応援している有権者しか集まらないからです。特に私の場合、支持者が私を支援することを公にしたくない傾向がありました。残された唯一の手段は、街を歩きながらメガホンで政策を分かりやすく繰り返し訴えることでした。テレビカメラ・クルーや記者たちが常に近くにいたので、町民たちがそれを嫌って私に近寄ることも握手することもほとんどありませんでした。

最初は幸子、和田さんと私が交替でマイクを握って政策を訴えていましたが、候補者本人の話をもっと聞きたいという町民からの要望を何度も受け、それに勇気づけられてできるだけ自分で話すことにしました。しかし私の声は次第に枯れていき、後半戦では五分以上続けて話すことができなくなりました。

三月一七日から始まった五日間の選挙戦は天候に恵まれず、寒い雨の日が続きました。朝歩き始めると服はすぐにびしょ濡れになり、途中で着替えるチャンスも時間もほとんどない状態でした。三人が誰も選挙中に風邪をひかなかったのは奇跡のようでした。熱意と意気込みで元気を保つことができたのでしょう。ひどい天候の下で歩いて政策を訴える我々の姿を見て、有権者の同情を得ることにも繋がったかもしれません。

午前八時から午後八時まで毎日、メガホンを口に押し当てながら一日三〇キロ歩きました。

幸子と和田さんは常に一緒です。ボランティアたちも交替で一日五、六時間は一緒に歩きました。手には二つのビニール袋を下げて、道端に落ちているごみを拾い、燃えるごみと空き缶に分別して集めました。街をきれいにする具体的な行動です。昼食は途中のコンビニエンスストアなどでおにぎりやサンドイッチを買って食べました。五日間で町の隅々まで声を届けることは難しかったのですが、それでも町全域をほぼカバーすることができました。

夕暮れ、重くなった足にできたマメが、びっしょりと濡れた靴の中で痛みました。声もかすれてしまったので、幸子と和田さんにマイクを渡そうとすると、彼は枯れた声でも本人がしゃべるべきだと要求しました。「選挙後はあなたが町民の代弁者になるのだから、今からそれに慣れるべきです」

地方議員の始まりと終わり

私の得票は一〇五一票。二四人中の上から四番目で予想以上の善戦でした。マスコミがそのニュースを世界中に発信したことから、翌一週間の間に七カ国からのテレビインタビューを受け、雑誌『Newsweek』にも記事が載りました。

すべてのインタビューで私は次のようなメッセージを強調しました。「成功したことは多くの人々の応援の賜物で、私の功績はきわめて小さいものです」さらに、神様の導きがもっとも大きな力であったとの思いも説明しました。神のご加護によって奇蹟が起こり、神の助けによってこれからも私は使命を果たしていく。使命を果たすためには、私に与えられた知恵と力を最大限発揮していかなければいけない、と誓いました。

一九九二年四月一日、私の議員生活はＪＲ湯河原駅前で始まりました。妻と共に当選の報告とお礼の挨拶をするつもりで、二時間ほど「ありがとうございました」と頭を下げ続けました。

初議会は四月一〇日午前一〇時でした。家を出ると、各マスコミの報道陣が待ち受けていました。次から次へと質問され、まだ選挙運動の続きであるような気がしました。

一般質問に立ったのは六月のことです。私は三つの質問を用意しました。

第一点は、湯河原を世界に開かれた国際的な町にしていくための具体策について。第二は年々増加する生ごみの対策について。第三は開かれた選挙にするための提案。私にとって、これら三つの課題は、その後、終生のテーマとなりました。人間にあっても自然にあっても共に尊重し合って生きる「共生」という考え方、ごみを始めとする環境問題、ガラス張りの選挙制度と議会という民主主義。

町議会議員の仕事を始めてしばらく経った頃から、これは私の政治家としての第一歩に過ぎないだろうという予感がありました。この先にもっと大きな使命と挑戦が適切な時期に現れるに違いないと感じていました。

地方議会の任期は四年です。議員になったとき私は五二歳でした。当時の湯河原町議員の手当ては、月額二八万円でした。私たちには住宅ローンの返済も残っていたので、議員報酬だけで生計を立てるには充分ではありませんでした。そこで議員の仕事の傍ら英会話塾も続けました。そのほか、全国各地からの講演依頼もたくさん受け、講演料が議員報酬より多い月もありました。従って、経済的には安定していました。

議員の仕事量は本人次第です。定例議会が年に四回で、一回は約一カ月間くらい開場されます。すべての議員が本会議に参加する義務があります。そのほか委員会がいくつもあり、各議員は一つの委員会のメンバーに入ります。定例議会の間も各委員会が頻繁に開かれます。地方議会の活動はどこの民主主義国家でも概ね同じようなものでしょう。フィンランドと日本の場合一つの大きな相違点があります。それは、フィンランドでは地方議員に報酬がないことです。日本の場合は期間限定の準公務員のようなものかもしれません。議員は町の行政や職員を見守る役割がありますし、さまざまな形で市民活動に参加する必要もあります。日本では首長も選挙によって選ばれる政治家です。首長の権限は実際には議会と同じくらい大きなものです。選挙で首長を応援した議員が議会で過半数を占める場合、首長の提案はほとんど議会で通ります。

野党の立場にある議員も一般質問などによって町政に関する改革案を提案できますが、それらを実行させることはきわめて困難です。私も毎回、定例議会で多くの提案をしましたが、承認されたのは一つだけでした。それは、家庭から出る生ごみを減量化させるためにコンポスト容器で堆肥にする、という提案でした。畑や家庭菜園を持っている家庭では生ごみで堆肥作りをしているところもありましたが、コンポスト容器の値段は四〇〇〇円以上と高額なものでした。その費用の半分を町の予算で賄うようにと提案したことが承認され、容器を購入する家庭がかなり増えたことが、提案の結実となりました。私にとってこの功績はのちに国会の場で有機農業を推進する原点となりました。

地方自治体は国と県からさまざまな補助金を貰っています。そのため議会と首長の権限は大きく制限されます。補助金はいわゆる〝紐付き予算〟と揶揄され、条件付きの予算なのです。従って議会の権限より国の意向（威光）が大きくなります。新規プロジェクトに向ける町独自の予算はほとんどありません。私は町議としての政治力が思ったより弱いと感じ始め、もっと積極的に社会の発展に寄与する方法はないだろうかと考えるようになりました。各地で講演を行ったときに、国政にチャレンジしてはどうかと勧める人が現れました。それで町議二年目の時分から国政に参加することを考え始めました。

議会活動では議員たちが町づくりを研究するために五〜六人のグループに分かれ、私も役場職員たちに影響力を持つグループのメンバーになるよう誘われました。そこで町の予算を議会に提出する前から、予算案の作成に〝裏〟で参加することが可能となりました。そして、予算が議会に提出されたらそれを否決したり修正したりすることがきわめて難しいのだと分かってきました。議会での審議は一種のセレモニーのようなもので、採決は形だけのものでした。予算の大半は決まりきったものに配分されています。公務員の給料、教育、社会福祉、町道や町営住宅の建設費などと、国と県からの指示に従った事業の一部補助金負担など。つまり新規プロジェクトにはほとんどお金が回りません。議会の主な任務は予算執行が正しく実施されているかどうかを監視することでした。それでも予算が伴わない提案や、予算がきわめて少ない提案を議員ができる権限だってあります。たとえば私の提案の一つは、図書館の閉館時間を午後五時から八時に延長することでした。しかしこの提案は否決されました。その理由は、時間延長によって図書館職員の給料などの経費を増やす予算がないというものでした。もう一つは、町の道路標識や案内版に英語のテキストを入れる提案でしたが、これも否決されました。しかし私が町議を辞めて数年後にこの二つの改革案は実施されました。私が提案した頃は時期尚早だったのかもしれません。あるいは、湯河原を訪れる外国人の観光客数が急増したためアルファベットの標識が必要になったのかもしれません。

他にも機会あるごとにアイデアを議会に提出しました。

一、町道、どんな小さな通りにも「明治通り」のような名前をつけよう。

二、学校給食で残った生ごみで、体験学習の一環として堆肥を作り、自然農法で植物を育てよう。

三、子どもの誕生を記念して、木を一本ずつ植えよう。

「町づくり」は「国づくり」の基本である、と考えるようになっていきました。

同僚の議員たちと仕事をしていると、彼らの大半は真面目で、町民の信頼も厚いことが分かりました。ただ、マスコミが頻繁に私の活動を報道していることに対し妬ましく感じた議員もいたようです。また逆に、マスコミのお蔭で湯河原が全国的にも知られる町になったと嬉しく思う議員や町民もいました。

私の政治家としての歩みはまだ始まったばかりであると同時に、町議として意欲的に動けば動くほど、国会レベルでしか解決できない社会問題に直面するという壁にぶち当たりました。九四年、生まれ故郷フィンランドに里帰りをし、帰国便の機中で自分の道は国政に打って出るしかないと決意しました。

一九九五年、参院選に立候補

当初から私は衆議院よりも参議院に興味を持っていました。衆議院議員は国政に加えて選挙区（地元）の課題にも取り組まなければなりません。さらに、衆議院は任期途中にも解散が有り得るため、議員は常に次の選挙の備えを考えなければならない。衆議院には二九五の選挙区があるのに対し、参議院の選挙区は全国、もしくは一つの県ごとに選出されます。従って地方の課題に取り組む必要性が低く、国の課題に集中できるのです。

日本の国会は参議院と衆議院の二院で構成されています。参議院は二四二議席、衆議院は四七五議席があります。参議院議員の任期は一期六年です。三年ごとに議席の半数が改選されます。選挙区は一四六議席、比例代表制（個人または政党に投票する）で九六議席が選ばれます。衆議院の任期は一期四年です。選挙区から二九五名、比例代表で一八〇名が選ばれます。

一九九五年、参議院に出馬することを決断し、三年三カ月務めた町議を辞める決心をしました。「新党さきがけ」という政党の神奈川県選挙区の公認候補に申請しましたが、彼らは別の人を公認しました。私を公認しなかった理由が「ツルネンには当選の可能性がまったくない」というものでした。しかし選挙後の結果は、私の得票数のほうがさきがけの候補者よりも多かったのでした。

「ぜひ無所属で頑張ってください。できる限り応援します」と後援会の励ましを受けて、私はこの選挙に無所属で臨むことになりました。この時点で選挙まであとわずか二カ月の日々しか残っていません。客観的に見れば、人口八百数十万人の神奈川県という激戦区に無所属で出馬する、というのは無謀なチャレンジでした。

選挙戦までの二カ月間は本当に忙しかった。毎日支持者たちの集会に顔を出し、多くのマスコミのインタビューに答えました。給与付きの秘書は一人だけ、あとのスタッフは手弁当で応援に駆けつけてくれました。選挙事務所を横浜の桜木町駅前に設け、支持者から無償で選挙カーの提供を受けました。車は八人乗りの大型バンです。以降、このシンプルな「キャンピングカー」

が選挙期間中、私たち夫婦の「簡易宿泊施設」になります。その選挙カーで選挙の前から県内の大きな駅頭でスピーチを行ってチラシを配り続けました。

参議選の運動期間は一七日間です。市町村が県内の各地に設置した一万二〇〇〇カ所の掲示板には、選挙戦開始後から直ちに候補者のポスターを貼ることができます。各政党の支持者たちは開戦初日にすべてのポスターを貼り終えていましたが、私の運動員の数はあまりにも少なかったので、全箇所を貼り終わるのに二週間を要しました。もう一つ、有権者にメッセージを発信できる方法が、七万五〇〇〇枚の〝選挙はがき〟の郵送です。送料は公費によって負担されますが、ボランティアスタッフの手で宛て名を書くのは壮絶な仕事でした。政党ならこの作業も党員や事務局員によって予め準備されていて、選挙戦が始まる前日に投函できます。しかしにわか仕立ての我が戦隊には名簿一つなく、一枚一枚手書きで書いて出す他なく、許容枚数の半分ほどのはがきしか送れませんでした。

この選挙の準備と選挙戦の模様を描いた本は、一九九五年の一二月に『青い目の国会議員いまだ誕生せず』という題名でベネッセ社から出版されました。著者は私になっていますが、実際に本をまとめたのは友人のルポライター赤池広行氏で、数社の出版社に勤めた経験豊かなジャーナリストでした。彼は我々の選挙戦に加わり最初から最後まで内側から完全密着し、多くの支持者や私のインタビューを基に原稿を仕上げました。

私のこの最初の国政選挙をサポートしたボランティアは二〇〇名ほどでしたが、その他にも多くの個人や団体が陰で応援してくれていたことが後で分かりました。彼らすべてのお蔭で三四万人の有権者が投票用紙に私の名前を書いたのです。このとき神奈川県の定数は三名で、私は次点の四位で落選しました。三位の日本社会党候補との得票差は三万票余りでした。

落選結果が発表された後も、私はたくさんのマスコミインタビューに応じることになりました。「今の感想は?」「これからどうするのですか?」これらが質問の主な二つでした。私も繰り返し同じような言葉で答えました。「三四万人の日本人が政治の浄化と健全化のために私を国政に送りたかったのです。彼らの期待に応えられるよう、まず国会の外からでも何らかの方法によって頑張りたい」

今回当選できなかった理由は主に、準備の時間があまりにも短かったからでした。それでも結果から分かったことは、国政選挙に無所属候補でも当選の可能性があること、そして外国生まれの候補者も被選挙人として認められたということです。日本ではすでに教育、スポーツ、社会福祉、タレントなど多彩な分野で外国人の活躍が見られていました。しかし、選挙によって国政に出た外国出身の人物はまだいなかった。

一九九五年の落選後、国政に挑もうとする私の挑戦はさらに六年続くことになります。その間三回、国政選挙にチャレンジしました。しかしこの一回目の国政選挙が私にとって、最も魅力的で高揚感のある生涯忘れることのできない挑戦でした。そしてまた、次の選挙のための貴重な経験にもなりました。私のこころざしは政治の浄化と社会の健全化でした。この大きな目標はどれほどに優れた人物であろうと、たった一人で達成することはできません。多くのこころざしある議員と国民の協力、この二つが不可欠です。従って、私がいつも強調したのは、敵(戦う相手)は決して相手候補者ではないということでした。敵はあくまで社会の不祥事であり、社会の病気なのです。対立候補でもなければ、支持政党が違う有権者でもないのです。

選挙後もマスコミは私の動きに興味を示し続けてくれました。全国各地から多くの講演依頼も入りました。講演料は五～一〇万円で、政治活動費に充てました。英会話塾にアシスタントを雇うことができるようになったので、自分で教える時間が激減しました。テレビやラジオにも頻繁に出演するようになりました。これらすべてのことが、次点まで漕ぎつけた参議院選挙の功績でした。マスコミを通じて、日本人に思いやりの政治とは何か、世界に開かれた日本のあり方、日本型社会福祉の未来などに対する私の考え方を述べる機会が増えました。第一回目の落選は、終わりのない始まりとなりました。

県内三一〇駅で一〇〇万枚のチラシを配る

参議選の落選からわずか二カ月後、三年先に行われる選挙に再び出馬する気持ちを固めました。私の支持者たちも賛成し、準備の段階からサポートをすると約束してくれました。従って、次の選挙までに準備期間が三年近く与えられました。

次回の選挙も紆余曲折がありましたが、結局無所属で戦うことになりました。参院選のあと、すぐに民主党の党員になりました。その理由は民主党の政策に概ね賛同できたからです。しかし、民主党には神奈川選挙区から二期目をめざす現職の参議院議員がおり、公認候補は彼女が圧倒的に有利な立場でした。やむなく離党を余儀なくされ、自分の後援会である「ツルの会」の支援を受けながら無所属で政治活動を始めることになりました。

我々の最初の課題は、神奈川県を中心とする活動に新しい、かつ効果的な戦術を見つけることでした。その新しい計画はようやく一九九六年の秋に私の頭の中で固まりました。この計画を実行するにはツルの会メンバーのサポートが不可欠だと考え、役員会でそのアイデアを説明したところ、彼らはすぐに賛同し一緒にやりましょうと言ってくれました。

一九九七年の年頭から県内の各駅で、午前六時から九時まで通行人に挨拶をして政策のチラシを渡すことから始めました。神奈川県内の鉄道駅は三一〇駅（当時）あったので、一年ほどでほぼすべての駅頭キャンペーンを実施できると考えました。

現職の議員たちや出馬を予定している他の政治家たちも駅頭情宣をしていたので、やり方自体は特別珍しいことではありません。しかし一年間、毎朝三時間も駅頭に立つ運動を続けている政治家はいませんでした。通常彼らは朝の一時間程度を駅前に立ってハンドマイクで政策を訴えます。しかし、通勤者は仕事を急ぐので足を止めて話を聞く余裕はほとんどありません。

私はマイクを使わずに肉声で挨拶をしながら、ボランティアと共に政策チラシを配る方法で行いました。ツルの会のメンバーたちが日替わり交替で五～八名ずつ手伝いに来ました。幸子はほぼ毎朝チラシを一緒に配りました。彼女と支持者たちの協力なくして三一〇駅のキャンペーンを実施することは非常に困難だったでしょう。なかでも数名の特定メンバーは二〇〇回以上の駅頭キャンペーンに参加してくれました。彼らは自宅から一時間以上も電車に乗って手弁当で参加してくれたのです。九時にキャンペーンが終了後、近くのレストランで一緒に朝食をとりました。その食事代も彼らは銘々に負担しました。このキャンペーンに参加する彼らの動機はいったい何であったのか、と時々考えることがありました。しかしその動機を実は私もすでに分かっていたのです。彼らは日本の腐敗した政治に飽き飽きしており私に希望を託したのです。外国育ちの私こそが日本人とは違った目で政治を浄化することができる、と期待したのです。そんな思いに応えることができなければ彼らを絶望させることになる、と恐れたことが何度もありました。私が参議院議員を一二年間勤めたあとの現在も、政治腐敗がなくなったわけではありません。それでも彼らの期待は常に私を支え続けてくれました。私も自分を責めたり絶望したりすることはありませんでした。

彼らに支えられて三一〇駅のキャンペーンを遂行し、さらに選挙まで大きな駅では二回目のキャンペーンも実施することができました。前回の選挙で多くの県民がすでに私の存在を知っていたので、ターミナル駅では三時間で二〇〇〇～三〇〇〇枚のチラシを配布することができました。週末にはさらに「ポスティング」で各家のポストにチラシ配布も行いました。一年半のキャンペーンで合計一〇〇万枚のチラシを神奈川県民に配ることができたのです。

県内の大半の駅は大都市横浜と川崎に集中しています。午前六時までにそれらの駅に着くためには湯河原駅で五時前の始発電車に乗らなければなりません。三時半に起床し四時過ぎには駅に向かって歩き出します。昼ごろ帰宅し午後からは翌日のチラシを自宅の印刷機で刷って補充します。この作業は主に私と幸子のふたりでやりました。ボランティアのメンバーにこれ以上の負担をかけたくなかったからです。雇っていた秘書は一人しかいません。電話当番、講演やインタビューのスケジュール管理などが彼女の主な仕事でした。

毎朝三時間の駅頭キャンペーンは肉体的にハードな仕事でしたが、心から楽しめた活動でもあって、精神的には大きな励みになっていました。駅頭でチラシを受け取らない人たちの反応も概ね好意的で、私の挨拶に手を振ったり頭で頷いたりしてくれました。チラシを受けとった人たちの「頑張ってください!」と励ます言葉が日々の救いとなりました。

生計のための戦い

国会議員になる前までの最も大きな問題は甚だしい資金不足でした。フルタイムで政治活動に参加したかったので、英会話を教える時間が私にはありませんでした。次の選挙に出馬するという情報が広がるにつれて各地からの講演依頼も少なくなりました。講演会が政治活動に利用される懸念から私を講師に呼ぶことは相応しくない、という主催者側の判断でしょう。収入は主に支持者たちからのカンパに頼らざるを得ません。しかし、そのカンパも政治活動のための資金であり、家族を養う生活費には流用できません。

参院選の運動資金で約一二〇〇万円を費やしました。これは資金カンパなどで賄いました。選挙前の貯金は二〇〇万円でした。そのわずかな預金も前回の選挙で使い切った上に、我が家の住宅ローンの返済は残っています。幸い二〇年間かけ続けた生命保険があったので、それを切り崩して掛け金の大半を受け取ることができました。

幸子の優れた「緊縮財政政策」が我が家のピンチを救う手がかりとなりました。彼女は信じ難いほど少額なお金で生計を立てました。以降三年の間に物を買うことはほぼゼロと言っていいほどで、どうしても必要なものは〝のみの市〟やフリーマーケットから調達しました。そこで売られている物の大半は数回しか使われてない新品同様です。プレゼント品の余りや、嗜好品や日用品、たとえば女性のブラウスやスカートは一〇〇円、シミの無い男性用スーツが二〇〇円といった安い値段で売られています。私は革の書類カバンをのみの市で用立て、二〇〇円で買ったものを五年間使いました。しかし、私が晴れて参議院議員になったときに、幸子がお祝いとして全く同じ革の新品の書類カバンを三万円で買ってくれました。

食料の調達についても幸子は達人でした。彼女はわざわざスーパーマーケットが閉まる直前に店へ出かけて、次の日まで持ち越せない生鮮野菜や魚などを六～八割引きで買います。賞味期限切れが迫っている他の食料も安く買ってきました。幸子自身が書いた本『清く、貧しく、潔く～青い目の国会議員誕生を支えた妻の奮闘記』（光文社刊）の中で、切実な節約体験が明るく書かれています。経済アナリストのマニュアル本よりも優れた内容かもしれません。

娘の愛理は当時すでに湯河原の自宅を離れて東京に住んでいました。息子の多比雄も高校卒業までは我が家で暮らしていましたが、バイト先で夕食をとったり好きなものを自分で買って食べたりで、食事を私たちと一緒にすることは稀になり、洋服代なども自分が稼いだお金で済ませていました。ですから食事代はほとんど夫婦二人分だけなので、夕食代は三〇〇から四〇〇円で充分でした。野菜の大半は我が家の家庭菜園で賄えましたし、支持者たちからの差し入れもよくいただきました。

英会話塾の月謝収入は雇っていたアシスタントの給料にほとんど消え、残ったお金も光熱費や住宅ローンの返済に消えました。私たちの生活はこの時期きわめて貧しいものでしたが、幸子は一度も私に不平を洩らしたことがありませんでした。しかし前出の著作の中では、次のようにも書いていました。

〈金銭不足の苦悩を考えると離婚のことさえ頭に浮かんだ。三回目の落選の後は夜中に目を覚

ますとこっそり家の外へ出てむせび泣いてしまった。〉

しかし、幸子はそんな心労を私や支持者の前では決して見せることはありませんでした。彼女の挫けない態度に多くの支持者が心を魅かれました。

一九九八年、二度目の参院選

参議院選挙は夏の最も暑い七月に行われます。関東では毎年、梅雨は七月中旬頃に終わりますが、梅雨の間に晴れる日も多く、気温が三〇～三七度くらいまで上がります。つまり、選挙戦はたいてい大雨の中かもしくは猛暑の下で行われるのです。選挙カーで回るとき候補者は助手席に座り、窓を全開にして街を歩く人に手を振って挨拶をします。一七日間の選挙運動の間に左腕は真っ赤に日に焼け、雨の日は服もびしょ濡れになります。駅前で演説を行い、選挙カーでは自転車と変わらない遅いスピードで県内各地の街頭を回るのですが、一七日間で移動する総走行距離は三七〇〇キロになります。演説をしている間はボランティアスタッフたちが政策チラシを直接、手で配ります。神奈川県には三七の市町村があるので一七日間の運動期間では横浜、川崎などの主要都市と一定規模の市町村しか回ることができません。

「ツルの会」の会員数は五〇〇名に増え、その他さまざまな市民団体からの応援も得ることができました。彼らの支援によって一万二〇〇〇枚のポスターも今回は丸二日ほどで貼り終え、七万五〇〇〇枚の選挙ハガキも郵送することができました。

これほどの意欲と体制にもかかわらず、結果は今回もまた次点で落選してしまいました。得票数は前回より一三万票上回る五〇万票まで増えましたが、七千票足らずで民主党の候補者に負けました。今回も前回と同様、マスコミから「今の気持ちはどうですか?」「これからどうするのですか?」というとてもクールな質問を浴びました。私の答えはまた前回と同じでした。「五〇万人の有権者が私を政治浄化のために国政に送りたかった。どのように彼らの期待に応えることができるかはまだ分かりません。まず後援会のメンバーと相談してから方法を考えます」

これは私に与えられた神からの試練だと受け止めました。恨んではいけない、憎んではいけない。当選したら国会という場で活動し、落選したらその立場で自分が信じる活動をしていくだけです。

二〇〇〇年、衆院選に挑戦

選挙が終わって二週間後、民主党の党首菅直人氏が私を東京へ招き、次の衆議院選挙で湯河原町を含む県内最南端の選挙区（一七区）で民主党の公認候補者にならないか、と打診を受けました。民主党にはまだその選挙区に適切な立候補予定者がいなかったのです。衆議院選挙は小選挙区制で、選挙区から一人しか当選できません。

一七区の候補予定者に、自民党の有力な代議士がいました。当選確率一〇〇パーセントの大物政治家河野洋平氏です。訝《いぶか》る私の前で党首は提案しました。「あなたが当選できる可能性はきわめて低いです。しかし公認候補として民主党のために戦うなら、次の参議選で全国比例代表リストの上位に入れることを約束します。そのときあなたは間違いなく当選できます」

当時の参議院全国比例代表制度では政党名のみを書く投票様式であったので、党の名簿リストで上位の候補者は当選が確実だと判断されていました。前回の選挙とその後のマスコミ報道の影響で知名度が全国レベルでも飛躍的に高まったことから、党にとっても私が比例代表候補になることがプラスであると判断したのです。私にとってもこれは大きなチャンスでした。民主党に仲間入りができるし、国会議員になる可能性も高まる。喜んで提案を引き受けました。

衆議院選挙の結果は予想通りでした。河野洋平氏が一四万票で当選し、私は次点で八万五千票でした。もし私の得票数が当選者の得票数に近いなら、比例区で当選する可能性もありましたが、それには得票率が足りませんでした。

しかし、この奮闘のおかげで民主党に政治家として受け入れられ、党の活動に参加できるようになりました。ところが、その後参議院比例区の選挙制度が突如改変され、政党名だけによる投票が、候補者の個人名も書けるという制度に変わりました。従って次回からの参院選では候補者の個人名を書いた得票数の多い順で当選が決まることになったのです。

二〇〇一年の参院選、次点という絶望

言うまでもなく、この制度の変更は私にとって想定外でした。二週間くらいは途方に暮れましたが、これまでインタビューで何百回となく答えた自分の意志を冷静に見つめて立ち直りました。国政選挙四度目の挑戦は、個人名を記入できる全国比例区、ということになりました。民主党の公認候補者になったので自分一人で戦う必要はなくなり、選挙資金の大半も政党から貰い受けることができました。それでも当選に必要な票を集めるのはそう簡単ではないことを認識していました。全国比例区で当選できる候補者のバックグランドには全国レベルの組織、たとえば労働組合や宗教団体などが付いています。あるいは、テレビ出演などによって高い知名度を持っている人も多くいます。私も以前の選挙戦のお蔭である程度名前が知られてきましたが、私を支援してくれる全国組織は一つもありません。そのため、私の獲得予想得票数は全く読めないものでした。

全国比例区に割り当てられた議席数は四八で、党と個人の総得票数によって党の割り当て当

選者数が決まります。今選挙では民主党から八名が当選しました。私の得票数は党内で九番目でした。つまり、今回も次点で落選したのです。ただし、全国比例区の場合、次点から繰り上げ当選の可能性が残されています。つまり、民主党から当選した八名のうち、もし誰かが何らかの理由で六年の任期中に議員を辞職することになれば、次点である私がそのとき、繰り上げによって当選します。しかし、その可能性は高くありません。なぜなら八人の全員が健康で、トップだった一人を除いて全国的な組織の支援によって当選した人ばかりでしたから。

今回の落選後、私は初めて絶望に陥りました。落選が判明した翌朝、ネット上の自分のホームページに次のようなメッセージを書きました。

「深山のどこかで空き家になった山小屋を見つけたい。そこに妻とふたりで山籠りして、いったいなぜ来日し、こんな馬鹿げた挑戦を試みるようになったかを小屋でじっくりと考えたい。我が家を売り払って、ローンを返済し、残りのお金でその山小屋で隠遁生活を送りたい」

さらにその二日後、フィンランドに住んでいる友人の大倉純一郎さんにメールを送り、長野県穂高町にある彼の実家に住まわせてもらうことができないかと訊きました。彼の父は二年ほど前に亡くなっていて、実家が空き家になっている事情を知っていたからです。家賃の代わりに、その大きな家の管理人になることを提案しました。

幸子も途方に暮れて私のこの計画に反応する余裕さえありません。そして大倉さんから返事は届かなかった。少なくとも今急に私の提案に乗る気のないことが分かりました。ホームペー

ジに書いた山小屋募集にも何の反応もなかった。ツルの会の役員たちからは私の動き方につい
て賛否両論の意見はなく、私の気持ちが落ち着くのを黙って待っている様子でした。
しかし、私の意気消沈は不思議にも一週間で終わりました。私は六一歳になっていました。
若いとも年寄りとも言えない年齢です。前に踏みだしなさい、今回の落選もまた神からの試練
なのです、という声が聞こえました。国会議員の重責を引き受けるだけの資格が自分には足り
ないのだと感じました。シス（ＳＩＳＵ）と呼ばれるフィンランド人特有の忍耐力を活かし続
けることが今の自分に求められているのだ。心の中で聞こえる声について幸子に話すと、彼女
は即座に共感してくれました。「奮闘を続けなければならないと私も思います。これからは英
会話塾を続けながら三年後の選挙の準備をしましょう」
彼女の言葉に勇気づけられて、役員会の皆さんに再度チャレンジしたいと伝えました。彼ら
は私の心の変化に驚いた様子もありません。長年の選挙活動を通じて私の性格を熟知していた
のでしょう。
その秋から私は朝の駅頭キャンペーンを再開し、午後になると英会話を教え始めました。こ
れで五度目の挑戦です。人事を尽くして天命を待つのと同時に、努力なくして天は味方してく
れません。
心のどこかに、もしかすると当選した八人の誰かが何らかの理由で議員を辞めることになる
かもしれない、と期待することもありました。しかしそれは夢想ですらありません。なぜなら、

そんなケースが降って湧いて出たとしても何年先のことか分からないからです。まずは朝、辻立ちをし、午後は英会話塾で教えて生計を立てる。心は平常に戻りました。

二〇〇二年二月、晴れて国会議員に

二〇〇一年七月の参議院選挙から半年が過ぎようとした二〇〇二年一月二四日、比例で当選した八人の中の一人が突然議員の辞職の意思を公表しました。彼は知名度の高いジャーナリスト大橋巨泉氏で、八人の中のトップ当選者でした。辞意を公にする少し前、巨泉氏から電話をもらい、彼は湯河原の拙宅にやって来ました。我が家の二階の部屋で一時間ちょっとの間、雑談をしたのち、辞意の意志を仄めかしました。「参議院はぼくの活動の場でないと分かってきたので、今後はマスコミや執筆などを通して社会向上のために働きたいな」と語りました。一時間くらい話したでしょうか。最後には冗談とも本気ともつかないことを口に出していました。「三人の秘書のうち、一人を雇ってもらえないかな」

五日後の一月二九日、巨泉氏は辞任を発表し、マスコミの注目は私のほうに移りました。

翌月の二月八日、私は参議院議員となりました。大橋巨泉氏の辞職とそれに伴う私の繰り上げ当選は大きく報道され、私は再び世間の注目を集めるようになりました。西洋人として歴史上初めて日本の国会議員に選ばれたからです。

公式の記者会見で、私は次のような抱負を述べています。

「一九九八年の選挙で、五〇万人以上の日本人が政治浄化のために頑張って欲しいという期待を込めた票を私に投じてくれました。その期待に自分一人で応えることができないことはよく分かっています。しかし政治浄化を望んでいる国会議員が党を問わずたくさんいると信じています。彼らと協力して使命を果たすために全身全霊を尽くしたい。その他、何か新しい、国政で今までないがしろになっていた（怠りがちな）分野を見つけて自分のライフワークにしたい。それに取り組むときは党派を超えて賛同できる同僚と一緒に頑張りたい」

多くのマスコミ媒体が私の政治目標を国民に伝え、その後も一二年間にわたる議員活動の間、好意的な報道をしてくれました。私の活動を面と向かって批判する報道はほとんどありませんでした。それは私のポジティブな姿勢のお蔭であったと思います。私の政治観は批判より新しい提案をすることでした。その姿勢が、あるときは党派を超えて多くの議員たちと多くの国民から認められたのだと思います。しかし、この本の中ではこれまで明かしてこなかった政治腐敗や不祥事についても次章で少し触れてみたいと思います。腐敗は腐敗として、依然としてあるからです。

第Ⅳ章

国会議員としての一二年間

仏教の精神と悟りを求め、2004年9月から
4回に分けて四国巡礼、歩き遍路の旅へ。

喜びと感謝と責任感

参議院議員に任命された二〇〇二年二月八日の夜、ホームページを開いて本当にびっくりしました。普段私のＨＰを閲覧する人は一日に三〇〇～四〇〇人でしたが、この日はいきなり四万人に達しました。メールも二〇〇以上の人から届き、そのすべてがお祝いのメッセージでした。メールを読むだけでも数時間を費やし、お返事代わりにその夜、次の挨拶文を載せました。

「今日、気分は一日中不思議なほど平穏でした。言葉では言い表せないほど心が穏やかだった。マスコミの質問にも答えが自然に出てきました。生まれる前から私に用意されていた道にようやく入ることができたと感じます。今までの人生で経験したすべてのことがこれからの政界で任務を果たすための準備であったと確信するのです。私のＨＰを訪ねてくださった皆さんとメールでお祝いメッセージを送ってくださった皆さんに、心から感謝致します。

本日から私は政界の荒波の中での戦いが始まります。どんな困難な戦いが待ち受けようとも恐れることなく受けて立ちます。その戦いに必要な力と知恵を神様が与えて下さると固く信じるからです。自然と人間社会の健全化のために国会議員として全身全霊を注いでいきます」

参議院議員になれた喜びと感謝の気持ちは早くも深い責任感に替わりました。いかにして国民の代弁者として働くことができるかという自覚を強く感じるようになりました。頻繁にマスコミからいろいろな時事問題に対する見解を求められ、同時に国会の活動に慣れていかなければなりません。日本に派遣されたのは政界で使命を果たすためであったと、改めて強く感じたのです。

通らなかった法案

参議院議員になって二年目の二〇〇三年、公約に挙げた初めての「生ごみ法案」作りに取りかかりました。二〇〇一年に制定された「食品リサイクル法」（正式名称は食品循環資源の再生利用等の促進に関する法律）の改正案です。私の申し出によって民主党内に法案を作成するプロジェクトチームが立ち上がり、私がチームリーダーになりました。週に一回のペースで会合を開き、原案は三カ月でき上がりました。それを早速参議院に提出しましたが、残念ながら運営委員会で却下されました。野党からの提案はどの法案の運命もたいてい同じです。

我々の法案名は「食品循環資源の再生利用等の促進に関する法律の一部を改正する法律案」です。家庭から排出される生ごみの九五パーセントは可燃物ごみとして焼却されています。有用資源の大変な無駄だと言えます。生ごみの堆肥化を実行しているＮＰＯは全国に数多くありますが、彼らの活動によるリサイクルはいまだ限定的です。自発的に動き出している地方自治体もありますがその数はまだ少ない。生ごみ再生利用の法制化が不可欠であると私は町議時代から考え、訴えてきました。特に国政でこれまで推進されていなかったリユース問題への取り組みが私の使命だと思っていました。

「食品リサイクル法」に於いて、家庭から出る生ごみはその対象外であり、食品関連事業によるリサイクルのみが対象となっている状況でした。

我々が作成した法案のポイントは次の通りでした。

一．市町村の策定する基準に従い、家庭では生ごみを一般のごみと分別して保管・排出する。
二．市町村等が生ごみを収集・運搬する。
三．堆肥工場等において地域の実情に応じてリサイクルする。
四．住民等に、堆肥、飼料等を販売する（なお、飼料等の〝等〟に、生ごみをエネルギー源として利用することを含む）。

我が家では以前から、庭に設置したコンポスト容器に生ごみを入れて、有用微生物のボカシをまぜた発酵堆肥を作っています。その堆肥を使えば家庭菜園でも立派な有機農産物を育てられます。生ごみは農家や家庭菜園のある家では堆肥に利用することができますが、都市部ではほとんどが焼却処分されています。このような状況では、大半の生ごみが焼却されるだけになってしまいます。

この法案はうまく運びませんでしたが、まだ諦めたくなかった。いつか新しい方法で再度チャレンジしよう、と心の中で誓いました。

次の項目で後述しますが、有機農業の推進に関する法律が二〇〇六年に成立したあとに、その経験を活かして再び「生ごみ法案」の作成に取りかかりました。

超党派による有機農業推進議員連盟の役員会で生ごみの法案作りを提案するとメンバーから賛意を得ることができたので、法案作成のための勉強会を立ち上げました。勉強会では法制局担当者の説明も受け、あわせて環境省と農林水産省の同席も依頼しました。

民主党の法案をベースに新しい法案を半年で仕上げました。あとはこの法案を国会に提出するタイミングを計るだけでしたが、議員立法案を提出すること自体かなり難しいことでした。なぜなら、まず政府主導で諮問された議案が優先的に行われる慣例だからです。そしてあいにくその間に二〇一三年の参議選が始まって私が落選したので法案提出に参加する機会を失いました。後で聞いたところ、この法案に興味を示した議員連盟の他の議員も落選し、積極的に先頭に立つ議員はいなくなりました。選挙結果次第で多くの法案は行き場を失い、廃案になってしまいます。今なお家庭から捨てられる生ごみの大半が変わらず焼却されていることについては、忸怩《じくじ》たる思いです。

「ツルネンの有機法」

二〇〇三年の生ごみ法案却下を教訓にして、有機農業推進法案を作るときは最初から党派を超えた活動であるべきだと考えました。まず、有機農業の育成と発展に興味を持っている民主党の議員の一人と相談しました。彼は超党派の「有機農業推進議員連盟」の設立を私に提示しました。そのためにはまず各政党から有機農業に関心のある議員を一人ずつ見つけることから始めましょう、と彼は提案しました。次にその議員たちと一緒に役員会を立ち上げる。彼はそれぞれの政党から候補者を選定し、私が彼らと直接面談して役員になることを依頼するべきだとアドバイスをくれました。その流れに沿って私の秘書が有機農業に関心のある議員との面会をセッティングし、たった一人で話しに行きました。八名の候補者すべてが積極的に賛成してくれ、役員になってもよいと快諾してくれました。ただしそれぞれの議員は、私自身が事務局長を務めて具体的な会合などの準備を私の事務所が執り行うという条件を提示しました。

自民党からの候補者は谷津義男衆議院議員で、元農林水産大臣の歴を持つ党の農業政策で影響力がある大物議員でした。幸いにして、二週間ほど前に彼と別件で親しくなる縁ができていました。一人のフィンランドの国会議員が彼と国際会議で知り合いになり、彼はその議員をゲストとして日本料理屋に招待したのです。私はその席に通訳者として招かれました。谷津議員に有機農業議員連盟の役員依頼をする前に、すでに引き受けてくれる土壌があったわけです。議員連盟の設立総会で彼が会長に推挙されたときも進んで了承してくれました。議員連盟の滑り出しは不思議なほどに上手くスタートできたのです。

設立総会の案内をすべての衆参議員に出したところ超党派で併せて六五名が参加しました。予定通りに総会では私が事務局長に選ばれ、会長には谷津議員が就きました。それから二年の間に毎月一回のペースで勉強会を開いて、法案を練っていきました。参考人として有機農業に関わっている各団体の専門家の方々を招き、農林水産省の関係者も毎回出席しました。

議員連盟のメンバーがもっとも多いときは各党派を横断して一七一名にまで増えました。後で聞いた話によると、役員になってくれた議員たちは、その役を引き受けたのは私が直接依頼したからだ、という理由でした。その後「有機農業推進法」に「ツルネンの有機法」と呼ばれるニックネームが付きました。最初は、法案がそうやすやすと参議院、衆議院共に全会一致で可決できるとは誰も予想していませんでした。しかし、時宜を得て議員の良心に神様が働き掛けてくれた結果であった、と私は信じています。以前にも国会に「有機農業議員連盟」があったそうなのですが、政党間の意見相違のために潰れてしまったとのことでした。

法案の採決は二〇〇六年一二月に行われて可決、同年一二月一五日から施行されました。それまでは有機農業が草の根運動や有機農家個人の努力によってしか行われず、農林水産省や地方自治体はその推進に全く関わっていませんでした。しかしこの法案成立に拠って国と地方自治体に有機農業の推進が義務化されて、予算も付けられました。
　私は全国各地の有機農業家を回ることになりました。どこへ行っても、国政レベルの有機農業の生みの親として歓迎されました。一二年間の国会議員の活動の中で有機農業推進法を生むことができたことを誇りに思います。もちろん、他にも多くの法案作りに民主党で、あるいは超党派の同僚と一緒に関わってきましたが、有機農業推進法は私の発案と意欲で成立に至ったので、とりわけ印象深い活動でした。

「有機農業の推進に関する法律」全文

（目的）

第一条　この法律は、有機農業の推進に関し、基本理念を定め、並びに国及び地方公共団体の責務を明らかにするとともに、有機農業の推進に関する施策の基本となる事項を定めることにより、有機農業の推進に関する施策を総合的に講じ、もって有機農業の発展を図ることを目的とする。

（定義）

第二条

この法律において「有機農業」とは、化学的に合成された肥料及び農薬を使用しないこと並びに遺伝子組み換え技術を利用しないことを基本として、農業に由来する環境への負荷をできる限り低減した農業生産の方法を用いて行われる農業をいう。

（基本理念）

第三条

一．有機農業の推進は、農業の持続的な発展及び環境と調和のとれた農業生産の確保が重要であり、有機農業が、農業の自然循環機能（農業生産活動が自然界における生物を介在する物質の循環に依存し、かつ、これを促進する機能をいう）を大きく増進し、かつ、農業生産に由来する環境への負荷を低減するものであることにかんがみ、農業者が容易にこれに従事することができるようにすることを旨として、行われなければならない。

二．有機農業の推進は、消費者の食料に対する需要が高度化し、かつ、多様化する中で、消費者の安全かつ良質な農産物に対する需要が増大していることを踏まえ、有機農業がこのような需要に対応した農産物の供給に資するものであることにかんがみ、農業者その他の関係者が積極的に有機農業により生産される農産物の生産、流通又は販売に取り組むことができるようにするとともに、消費者が容易に有機農業により生産される農産物を入手できるようにすることを旨として、行われなければならない。

三．有機農業の推進は、消費者の有機農業及び有機農業により生産される農産物に対する理解の増進が重要であることにかんがみ、有機農業を行う農業者（以下「有機農業者」という）その他の関係者と消費者との連携の促進を図りながら行われなければならない。

四．有機農業の推進は、農業者その他の関係者の自主性を尊重しつつ、行われなければならない。

（国及び地方公共団体の責務）

第四条

国及び地方公共団体は、前条に定める基本理念にのっとり、有機農業の推進に関する施策を総合的に策定し、及び実施する責務を有する。

国及び地方公共団体は、農業者その他の関係者及び消費者の協力を得つつ有機農業を推進するものとする。

（法制上の措置等）

第五条

政府は、有機農業の推進に関する施策を実施するための必要な法制上又は財政上の措置その他の措置を講じなければならない。

（基本方針）

第六条

農林水産大臣は、有機農業の推進に関する基本的な方針（以下「基本方針」という）を定めるものとする。
二　基本方針においては、次の事項を定めるものとする。
一　有機農業の推進に関する基本的な事項
二　有機農業の推進及び普及の目標に関する事項
三　有機農業の推進に関する施策に関する事項
四　その他有機農業の推進に関し必要な事項
三　農林水産大臣は、基本方針を定め、又はこれを変更しようとするときは、関係行政機関の長に協議するとともに、食糧・農業・農村政策審議会の意見を聴かなければならない。
四　農林水産大臣は、基本方針を定め、又はこれを変更したときは、遅滞なく、これを公表しなければならない。
（推進計画）
第七条
都道府県は、基本方針に即し、有機農業の推進に関する施策についての計画（次項において「推進計画」という）を定めるよう努めなければならない。
二　都道府県は、推進計画を定め、又はこれを変更したときは、遅滞なく、これを公表するよう努めなければならない。
（有機農業者等の支援）

第八条
国及び地方公共団体は、有機農業者及び有機農業を行おうとする者の支援のために必要な施策を講ずるものとする。
（技術開発等の促進）
第九条
国及び地方公共団体は、有機農業に関する技術の研究開発及びその成果の普及を促進するため、研究施設の準備、研究開発の成果に関する普及指導及び情報の提供その他の必要な施策を講ずるものとする。
（消費者の理解と関心の増進）
第十条
国及び地方公共団体は、有機農業に関する知識の普及及び啓発のための広報活動その他の消費者の有機農業に対する理解と関心を深めるために必要な施策を講ずるものとする。
（有機農業者と消費者の相互理解の増進）
第十一条
国及び地方公共団体は、有機農業者と消費者の相互理解の増進のため、有機農業者と消費者との交流の促進その他の必要な施策を講ずるものとする。
（調査の実施）

第十二条
国及び地方公共団体は、有機農業の推進に関し必要な調査を実施するものとする。
（国及び地方公共団体以外の者が行う有機農業の推進のための活動の支援）
第十三条
国及び地方公共団体は、国及び地方公共団体以外の者が行う有機農業の推進のための活動の支援のために必要な施策を講ずるものとする。
（国の地方公共団体に対する援助）
第十四条
国は、地方公共団体が行う有機農業の推進に関する施策に関し、必要な指導、助言その他の援助をすることができる。
（有機農業者等の意見の反映）
第十五条
国及び地方公共団体は、有機農業の推進に関する施策の策定に当たっては、有機農業者その他の者の意見を反映させるために必要な措置を講ずるものとする。
（施行期日）
この法律は、公布の日から施行する。

コメ文化を守りたい

有機農業推進に取り組んでいると日本の農業について講演依頼を受けることがたびたびあって、特にコメが重要な講演テーマになりました。しかし私にはそれまでコメ作りの経験がなかったため話の内容を一般論として述べることしかできません。その弱点の改善策としてコメ栽培を行っている小田原市の市民グループに加わり、幸子と一緒に四年間自家用のコメの栽培をしました。そのグループでは一〇家族で水田を借りて共同作業をし、自分たちが食べる分のコメを有機栽培で育てました。この体験がいろいろな意味で私には素晴らしい実習となりました。

まず、苗代で育てた稲の苗を六月に水田に移し植えます。一般的に苗植は機械で行われますが、昔のやり方を体験するために一部の苗を手作業で植えました。化学肥料や農薬を一切使わず、草取りも手作業でやりました。暑い夏場、草取りにはみんなで手分けしてやっても丸二日が必要でした。昔の専業農家では草取りに二週間を要した、と聞いています。除草機の発達と普及で今では田んぼの草取りもずいぶんと楽になりました。

稲刈りは手押し機で行い、昔のやり方に従って田んぼに建てた〝はざ掛け〟に稲を二週間ほど干してから脱穀を機械でやりました。

私の場合、コメは精米せずに玄米で食べます。精米すれば玄米に付いているビタミンなどの大半が削り取られてしまいます。従って白米の栄養は玄米より少なくなってしまいます。それなのに残念ながら世界各地では白米のほうが一般的に食べられています。しかし有機農家や有機農業を推進している人々は玄米の栄養価値を知っているので玄米食を好む傾向があります。

昔の日本では肉を食べることが稀でした。ご飯のおかずには主に野菜と魚を食べ、また大豆や蕎麦もよく食べられました。江戸時代まではごくたまにイノシシやシカの肉を、明治の開国以降になると鶏や豚を飼うことが一般化され、肉食用の牛も飼育されるようになりました。

日本人は朝食にパンを食べ、昼食は麺類を食べる傾向にあります。我が家では一日二、三回米食を摂りますが、ご飯を夕食にしか食べない家庭が多くなりました。そのため日本ではコメの消費が年を追うごとに減っています。五〇年ほど前は一年間に一人当たりのコメ消費が一〇〇キロを超えていましたが（一九六二年＝一一八キロ）、二〇一五年は半分以下の五四キロにまで減少しています。肉を多く摂取することに加え、海外からの輸入食品が増えてきたこともあって、それらがコメ消費減少の一因になっています。それでも、コメは今なお日本の家庭やレストランでは料理の主材料です。外出時に携帯する弁当にはご飯がほぼ使われていますし、ビールのつまみにもコメでできた煎餅がよく食べられています。煎餅一つとってみても種類が豊富で、コメ文化の伝統と多様性が表れています。言うまでもなく寿司も日本のみならず、いまや世界中で人気のあるコメ料理の一つです。

政府はコメ消費を増やすためにいろいろな政策を講じています。最近では米粉で作ったパンもできるようになりました。日本酒も昔からコメを原料に生産されています。私たちも自分で育てたコメから〝どぶろく酒〟を試しに作ったことがありました（違法だとされています）。

二〇一四年五月に幸子と一緒に宮崎県高千穂町にある天岩戸神社を訪れました。そこで一つの有名な神話を聞きました。それによると、神社の裏山には天岩戸と呼ばれる洞窟があり、天照大神がそこに隠れたので世の中が悪い神々によって堕落してしまい、良い神々が天照大神を洞窟から呼び出して、その後世が再び明るくなったという神話です。洞窟は聖なるものであるので中に入ることは許されず、入口を遠くから眺めることしかできませんでした。

神主が、日本初代の神武天皇について解説をしてくれました。神武天皇は天照大神の四代目の子孫で、日本のコメ作りの創始者であるとされています。日本国民に栄養豊かな食べ物を与えようとコメ作りを教えたそうです。よって神武天皇はコメ文化の創立に重要な役割を果たしたとされています。その伝説に従って現在も天皇が皇居の水田に稲を植えられ、秋には稲刈りをしてコメを神々に捧げる儀式を執り行っています。

歴史上では、コメはアジア大陸から三千数百年ほど前に日本に入ってきたとされています。コメ栽培以前の日本は人口が少なく、貧しい食のせいで紀元前六世紀から六世紀まで人口はほとんど増えませんでした。縄文時代と呼ばれる紀元前三世紀までは、主な食糧は狩猟動物、魚、森から集めたわずかな植物などで、作物の耕作はほぼ発展していませんでした。しかしコメ栽培が始まり生産量が増えるにつれて食事の栄養が豊かになって人口も増え始めました。コメは生命力のエネルギーとなり、日本文化の源になったのです。

コメ栽培が成功する条件の一つは、水をいかに効率的に利用することができるかです。日本は降水量が多いにもかかわらず水田に水を充分に、かつ長期間にわたって導いて保つ手段が必要な国土です。そのため日本の田の大半は水辺付近に作られています。フィンランドの町は湖のそばにあるのに対し、日本の町は主に川沿いにあります。川が近くになければ大きな溜め池が作られます。ポンプ技術が発達してからは地下水の利用も増えました。

日本の気候は神話通りで、コメ栽培に適しています。六月から七月中旬まで続く梅雨が水田に水を湛え、その後暑い夏が米を育ててくれます。

日本社会の精神もコメ文化に由来しています。コメの栽培には村全体の協力体制が不可欠です。水の調節も共働でしなければならず、自分勝手に水を自分の田んぼだけに引き入れることは許されません。一村だけで調整できない場合だってあります。同じ川の周りにいくつもの村や町があるからです。上流の村が水を使い過ぎると下流の村と喧嘩になります。争いが起こらないためには、各村に優れたリーダーが必要です。戦後は水の調節が行政主導で行われるようになったので、余計な争いも少なくなりました。

コメ栽培は日本の自然保護にとっても重要な役割を果たしています。田んぼは多くの生きものの住処でもあります。田んぼの生きものは鳥たちの餌にもなっています。しかし残念なことに、化学肥料や農薬の過剰な利用が田んぼに棲む生物に被害を及ぼしています。無農薬を是とする有機栽培の田んぼは、昆虫や水性動物たちを多く育んで豊かな自然を生み出します。

戦後アメリカは日本に小麦を輸出するために、小麦消費を促すキャンペーンを起こしました。コメを食べると脳の働きが鈍くなるという誤った宣伝をしました。日本政府はこの主張に沿って学校給食の主食をパンにしました。最近になってようやく学校給食にご飯が戻ってきていますが、相変わらずパン食が主流です。

世界的に広がっている自由貿易の波によって日本のコメ文化は危機に瀕しています。今までコメの輸入を防ぐためコメに七〇〇パーセントの関税がかかっていました。しかしその関税の撤廃が幾度も要求されてきました。もし撤廃されれば、アメリカやオーストラリアなどから日本に輸入される米の値段は日本産のコメの五分の一という低価格になります。それは日本のコメ文化の崩壊・破壊を助長します。自由貿易協定が今後どうなるのかまだ明らかではありませんが、コメの輸入がこの先も増える可能性は高いでしょう。自由貿易はやむを得ない潮流だとしても、それぞれの国には国独自の産業を守るための例外、いわゆる「センシティブ品目」を認めるべきだと、私は思っています。日本の場合、コメ文化を守ることは日本固有の文明を守るための必須条件なのです。

皇居に招かれる

国会議員として私たち夫婦は何度か皇居に招待されました。春秋の園遊会や正月の祝賀会などの皇居行事には各政党に議員の割り当てがあって、申し込み順に参加できるようになっています。ただし、共産党は天皇制を公式的には認めていないので皇室の行事には参加していませんでした。天皇皇后両陛下が行事のホスト役を務め、昼食やディナーで招待客をもてなします。園遊会ではおよそ二〇〇〇人ほどのゲストが招待されます。

日本国憲法第一条によると「天皇は、日本国の象徴であり日本国民統合の象徴であって、この地位は、主権の存する日本国民の総意に基く」とあります。日本の神話によると天皇は神々に由来します。天皇の権威はその時代その時代の政治勢力によって翻弄され、不安定な身分でした。しかし現在は天皇は憲法にあるように国民統合の象徴として政治体制から切り離され、国民から高い尊敬を集めています。天皇は日本人にとって父のような存在です。

日本の天皇家は世界の中で最も古い王朝だと述べました。天皇家の歴史は四世紀まで遡ることができます。第二次世界大戦のとき天皇はまだ神として崇められており、兵士たちは天皇の名の下で戦争に加わり、死線に送られました。しかし戦後の一九四六年、天皇は「現人神《あらひとがみ》」であることを否定する「人間宣言」が発布され、一個人となりました。その後も天皇制は存続していますが、現憲法が一九四七年に施行されて以降、天皇は直接的間接的に政治には関わることができない存在となりました。

しかしながら、天皇には多くの果たすべきご公務があります。内閣総理大臣の任命、国務大臣ら認証官の任免、大使の信任状の認証、通常国会の召集、各国の大使と公使の接受。国賓として来日した外国の元首や王族とのご会見。全国植樹祭などの大会への参加。諸外国への公式訪問などなど。

日本で天皇について語るとき、天皇の名前を直接に出すことは少なくて単に天皇陛下と呼びます。日本では西暦と和暦が併用され、和暦では天皇の即位期間に応じた元号が制定されます。たとえば、明治天皇が皇位を継承された一八六八年から、次の大正天皇が即位された一九一二年までを明治時代と呼び、それから大正天皇がご逝去された一九二六年までを大正時代と呼びます。その後を継がれた裕仁天皇の時代（一九二六年～一九八九年）は昭和、一九八九年から現天皇明仁さまの時代は平成で、現在は平成二九年（二〇一七年）というように使用されます。

難民との出会い

二〇〇二年九月、民主党の難民プロジェクトチーム六名の議員と共に、入国管理局の収容施設に拘束されている六人のアフガニスタン難民と面会しました。彼らはすでに数カ月間も拘置され続け、釈放と在留許可を求めて我々に面談依頼をしました。

収容施設で彼らと通訳者を通じて会談を行いました。彼らは内戦が行われているアフガニスタンから命を賭して日本に入国し、ビザなしの観光客でありながらそのまま日本で仕事を始めたので逮捕されました。難民を支援するNPO団体が彼らの難民申請手続きを手伝っていましたが、難民認定がきわめて困難であることは民主党議員団もよく分かっていました。日本では毎年数人しか認定されない状況でしたから。

彼らには、人道上に基づいた理由で在留許可を申請できることを説明しました。その条件には、もしアフガンに戻れば処刑される恐れがあるという裏付けが必要です。また在留許可が取れなくても収容施設から仮釈放が可能であることも説明しました。そのためには、どこかの市民団体が保証人となって彼らの住まいと生計を立てる支援を約束することが条件です。面会後、施設の所長と相談しました。所長の特権で釈放することもある程度可能だからです。後でカトリック教会が彼らの世話をすることを約束してくれたので、一カ月後に彼らは仮釈放されました。東京へ戻った後、法務大臣と面会して人道上の理由で例外的に特別在留許可を求めてみましたが、大臣は特定難民の特別扱いは難しいと答えました。当時日本には不法滞在の外国人が推定六万人以上もいて、例外を認め始めると厳格な難民政策が一気に崩れるからです。

難民問題はその後も引き続き私の心を悩ませました。民主党本部には、積極的に難民問題に取り組むよう要求しました。そのような経緯があったので、私が難民問題のプロジェクトチームリーダーに任命されました。チームは週一回の頻度で研究会を開き、難民問題に詳しい弁護士や難民問題に取り組んでいるＮＰＯからも情報を集め、紛争国から逃れて来た難民に在留許可を与える法案を作って国会に提出しました。しかし今回も野党からの議員立法案だったので却下されてしまいました。

現在も日本の難民認定率は一パーセントに満たない数字です。二〇一六年の最新データでは、一万九〇一人の難民申請者のうち難民認定は二八人。但し、人道上の理由で九七人に在留許可が認められました。私がこの問題に取り組んでいた当時は、申請を認められたのは一桁台でした。当時も現在も西欧諸国に比べると「先進国の中でこれほど首尾一貫して認定率が低い国はない」「申請を処理するシステムが機能不全」（ロイター通信二〇一五年三月）と批判されるほどに消極的で、人権の軽視が問題となっています。就労目的で来日して難民申請をする外国人がいるのは事実ですが、「人種、宗教、国籍もしくは特定の社会的集団の構成員であることまたは政治的意見を理由に迫害を受けるおそれがあるという十分に理由のある恐怖を有するために、国籍国の外にいる者であって、その国籍国の保護を受けられない者またはそのような恐怖を有するためにその国籍国の保護を受けることを望まない者」（国連が一九五一年に定めた「難民条約」第一条）に該当する難民に対して国外退去（もしくは本国へ帰還）させるというのは、国際法上でも問題があるのではないか、というのが私の考えです。

国会議員になった後、外国人たちから元外国人の立場で在日外国人の問題にもっと積極的に取り組んで欲しいという要望を何回も受けました。私自身も自分の選挙公約にこの問題を入れて積極的に取り組みたい課題です。その具体的な一つが、在日外国人に地方参政権を付与することでした。たとえば、日本には永住権を持つ在日韓国・朝鮮人がおよそ五〇万人もいますが、彼らには政治参加が認められていません。彼らの会合にもしばしば参加してマスコミに訴えました。彼らは日本の税制に従って税金も納めているのでその使い道に意見を述べる権利があって当然です。残念ながらこの課題については民主党内でも賛否両論があり、党として法案をまとめることはできませんでした。支持者の期待に応えることができなかったことは忸怩たる思いです。

在日外国人の諸問題については、在日外国人ジャーナリストから強い批判を浴びたこともありました。一人の帰化したアメリカ人がThe Japan Timesの記事に私への批判を載せました。要約すると「帰化したツルネンは国会議員の特権を楽しみ天皇や皇室と会うこともできるが、苦しんでいる人のためには何もしてない」という内容でした。彼は日本の人権差別問題について厳しい批判を展開していました。私が国会議員になった最初の頃、彼は私の事務所を何度か訪ねて来て、さまざまな要求をしてきました。しかし私が生真面目に「できるだけやってみますが野党議員としての私の力には限界があります」と答えたことから、自分の意に沿わない私を批判するようになったのでしょう。そのあとは事務所に来ることもなくなりました。

議員を支える妻と秘書たち

国会の衆参両議員には三人の公設秘書が国から与えられています。その他、政党から政治活動のために資金が支払われます。党によって金額が異なりますが、民主党の場合その資金によって選挙区の事務所経費と一人の事務員を雇うことができます。秘書たちの役割分担は通常、議員の差配によって決めます。

私の女性秘書の名前は山本綾子さんです。彼女は若い主婦で、私の秘書になる以前にも公設秘書を数年務めた経験を持っていました。彼女は私の〝右腕〟であり事務所の〝守護神〟（まるで妖精のような女性）でした。彼女の仕事は会計責任、スケジュール調整、電話番、マスコミやゲストの受け入れ応対などでした。英語も達者なので外国のマスコミ対応も上手くこなしてくれました。私は基本的に日本語の原稿を自分で書きましたが、彼女が原稿をリライトしてくれました。

男性秘書の一人は石井茂氏でした。彼の主な仕事は政策立案の準備とそのための参考資料を集めることでした。有機農業関係者との連絡も彼が行い、全国各地の講演にも同行しました。講演の内容は私が自分で作成しましたが、パワーポイントの資料データは彼が作りました。

三人目の秘書の名前は久保谷政義氏でした。彼の任務はツルの会のメンバーや他のボランティアとの連絡、加えて民主党の各支部や地方自治体の議員たちとのコンタクト、さらにホームページの管理、メールの応対なども担当しました。駅頭活動の日程とその準備も主に彼の役割でした。私は自分の選挙以外にも多くの国会議員や地方議員からの応援弁士依頼が来ていたので、それらの調整も彼がしました。ちなみに、石井氏、山本綾子さんは大橋巨泉氏の秘書を務めていらっしゃった方です。

私は毎年秘書たちに三週間の夏休みを与えました。その日程調整は彼らに任せましたが、夏休み中でも最低一人は事務所にいるようにという条件です。秘書への長期夏期休暇は、他の議員たちや秘書の間で注目を浴びました。なぜなら、他の議員たちの秘書には一週間以上の休みがなかったからです。しかし私は自身が三週間の夏休みをとっていたので、同じ権利を秘書も持つのが当然だと考えたのです。

私の地方事務所は議員を務めていた間ずっと湯河原にありました。そこには別に二名の事務員を雇っていました。彼らの主な仕事はツルの会の広報誌を作ることと会員たちとの連絡のやりとりでした。会員は多いときに五〇〇名を超えていました。選挙の準備とチラシの印刷は湯河原の事務所が受け持ちました。

繰り上げ当選を果たした二〇〇二年の秋、妻の幸子が前述したように『清く、貧しく、潔く』という書名の本を出版しました。帯には次のような惹句が書かれています。

「四度の落選でツルネン家の家計は火の車に！　洋服は一〇〇円の古着、食費は一食三〇〇円

〜貧乏にも挫折にも負けなかった二人三脚の清貧チャレンジ人生！」

本の中で幸子は妻と母親としての役割について率直に述べています。また貧しさと厳しい困難のなかで国政に挑戦する過程について書いています。私がこの自叙伝を書くに当たって、幸子に四〇年間の結婚生活に対する自分の思いについて書いてみるよう頼んでみましたが、「私の思いは既に一二年前にすべて書きました。それに付け加えることは特にありません。その本から適切と思う箇所を自由に抜粋してもかまいません」と言って改めて書くことを断りました。その提案に同意して、妻の本から一部を抜粋してみます。

喧嘩をして夜も眠れない日々

〈夫と結婚して、夫から影響を受けた部分は随分あります。質素でも心の豊かな生活がホンモノではないかと、反省させられたり学んだり。夫と知り合わなかったなら、私は途方もなく贅沢をしていたかもしれません。夫と結婚したお陰で、堅実な生活を送ることができたという気がします。私たちの生き方は、西洋的な生き方でもありませんし、純日本的な生き方でもありません。両方をミックスしたような感じではないでしょうか。

夫とは結婚直後に、隠し事はしないで暮らしていこうと話し合いました。それは二十八年間の結婚生活の中で守ってこれたと思っています。秘密を持たないことと納得いくまで議論しようというのが、二人で取り決めたルールです。最近はなくなりましたが、若い頃はよく徹夜で議論しました。二人で徹底的に激論を闘わせていると、空が白々と明けてくるのです。

夫は理論型の人間ですが、私はどちらかというと感覚派なので、ちぐはぐな議論になってしまうことも多かったのですが、お互い冒険好きで前向きに生きたいという思いと、贅沢はしないけれども心豊かに暮らしたいという姿勢は共通していますので、三十年近くパートナーを組んで連れ添ってこれたのだと思います。

夫は感謝の気持ちをストレートに言葉に出す人です。一日三回ぐらい夫から「ありがとう」の言葉を聞きます。毎日感謝の言葉を聞くわけですから、帰化した日本人だとはいえ、やっぱり夫は外国生まれの人なんだなあと思います。

「手伝ってくれてありがとう」
「教えてくれてありがとう」
「二人だからできるんだね」
「あなたの助けが必要だよ」
「二人でやった成果だよね」

などなど、具体的に言葉にします。私は意地悪を発揮して、

「ありがとうの言葉が軽すぎる」

「ありがとうと言えば済むと思っているの！」

などと答えることがありました。すると夫は、真っ正面から私の言葉を受け止めて問題化し、

「そういう言葉を言うのは、パートナーとしての資格がない」

と、大真面目に切り返してきます。夫の「ありがとう」の言葉に端を発して、喧嘩になってしまうことがありました。若い頃は、喧嘩して夜も眠れない日々があったものです。

正直なところ二度ほど別れようかな、と思ったこともありました。本気で離婚を考えたわけではありませんが、似た者同士でもやはり性格の違いがあります。

「なんで私の気持をわかってくれないの？」

という思いが高じて、すごく腹が立って「殺してしまいたい」なんて思ったことも。

こんな感情は私の浅はかさなんでしょうし、愛情の強さの裏返しだとも思います。隠し事はしないで、ピタッと隙間のない関係で一緒に歩んできても、ポッカリ溝ができるときもあったのです。公職を目指すようになってからは、私にも冷静さが出てきましたし、夫婦であっても個人的な感情はあまり出せませんから、大喧嘩はなくなりましたけれど。喧嘩をしているヒマもなくなったのです。〉

帯の文言にもありましたが、日本では密接なチームワークを「二人三脚」という言葉で表すことがあります。この表現の由来は学校などの運動会でしばしば行われる一つの競技によるものです。二人が横に並んで互いの足首をひもで縛って固定し、三本の足で二人が息を合わせて

走る徒競走のことです。私たちはまさに二人三脚でした。息子の多比雄はいったい幾度、つぶやいたことでしょう、「母のサポートがなかったら父は絶対国会議員にはなれなかった」、と。

私もそれを素直に認めています。妻の支援はいかなるときにも不可欠なものでした。彼女は日々の健康管理も含め妻として母として、さらにボランティア秘書として私を支えてくれました。日本生まれではない私には、言葉や習慣などのハンディキャップがあります。それゆえ一日に何度も「ありがとう」と妻に感謝する心が芽生えるのです。

国会議員になって、私たちふたりはいつも一緒に東京の二ＤＫの議員宿舎と自分の家に交替で住みました。幸子は宿舎でも自宅でも家事をこなし毎日の食事を有機栽培の食材から作っていました。宿舎では毎朝私に昼の弁当を持たせ、私は妻の手作り弁当を議員会館の自分の部屋で食べていました。議員は仕事柄しばしば夜の食事会などに招待されますが、第一部のミーティングが終わって立食が始まると、私はいつも抜け出して帰宅していました。幸子が用意した夕食のほうがヘルシーで美味しかったからです。

彼女は平日、東京でツルの会のメンバーや有機農業関係者とランチやコーヒータイムで会ったり、電話やメールなどの対応をしました。週末に東京や近辺で私の講演があるときには同行してくれました。私をサポートすることがまるで自分の天命だというように。

男性国会議員の大半にあっては、妻の支援はかけがえのない必要条件です。選挙区が東京から遠く離れた地域の場合、妻は地元の支援者たちとの付き合いを担当して東京の宿舎には一緒に住みません。自分の職業を持つ議員の妻は少なく、議員である夫の仕事をサポートすることが周囲の人からも期待されています。他方、女性国会議員の立場はやや違っています。主人は自分の仕事を第一優先とし、議員たる妻のサポートに専任する、という人は少ないようでした。

女性国会議員が近年少し増えてはいますが、欧米と比較すると今なお非常に少ないのが現状です。一九六七年は衆議院に女性議員が七名（一・四パーセント）、二〇〇〇年に三五名（七・三パーセント）、二〇一四年の総選挙では四五名（九・五パーセント）の女性が当選しましたが、フィンランドの約四〇パーセントという数字と比較するまでもなく、OECD各国の中で最も低位にあります。参議院は女性議員の割合が衆議院よりも高く、ここ二〇年間の平均は三五〜四五名（一五〜一八パーセント）です。

衆議院は小選挙区制度で、選挙区から一人しか選ばれません（比例代表で復活当選する可能性はある）。選挙区から選ばれた代議士は選挙区の課題にも取り組むことが支持者から期待されており、そのような仕事は男性のほうが能力が高い、と考えられてきました。事実、多くの男性議員は経済活動や地域内のさまざまな行事に参加しているので、選挙に於いては最初から女性候補者より有利な立場にあります。他方、参議院議員は県または全国から選ばれるので女性が当選できる可能性が高くなります。なお、国政だけでなく地方自治体の議会も状況はさほど変わらず、女性議員比率は二〇パーセントにも達していません。

各国要人たちとの出会い

二〇〇二年一〇月、議員歴八カ月目の私が民主党の国際局長に指名されました。国際局長は党の国際関連活動の責任者です。事務的な仕事のために党本部には三名の専任職員がいます。私の山本秘書は彼らと連携しながら局長の仕事でも私をサポートしてくれました。国際局委員会には私の他に六名の副局長がいて、週一回のペースで会合を開いて党の国際活動を討議し、実行に移していました。国際局長の任期は一年でしたが、任が解かれたあとも議員を辞職するまで副局長として働いていました。

この関連から多くの大使館を訪れ、各国要人たちの民主党訪問の日程作りにも関わりました。また民主党の海外視察にも参加しました。有機農業の推進活動に加え、この国際局の仕事は私にとって重大な任務であり、多くの外国の要人と出会う機会ともなりました。

二〇〇三年二月、アフガニスタンのハーミド・カルザイ大統領訪日に際して、当時民主党党首であった鳩山由紀夫氏とふたりで大統領に会うことができました。カルザイ大統領は予め私の履歴に目を通されたらしく、握手のときには議員になったことに対するお祝いの言葉を述べ、もし自分が日本国籍を持っているのなら日本の国会議員になれる可能性はあるでしょうか、と私に問いかけました。カルザイ大統領の才能ならそれは私よりも簡単でしょうと答え、さらに、しかしアフガンの大統領を続けるほうが賢明です、と付け加えました。「そうかもしれませんね」と彼は微笑みを浮かべました。カルザイ大統領には暗殺計画が度々企てられていたことを知っていたので、「死を恐れていませんか？」と質問をしたところ、「宿命を自分で定めることはできません。命のある限り最善を尽くしてまいります」と平静な声で答えました。その声が気高さと精神的なバランスに溢れていたことを思い出します。約束の三〇分はあっという間に過ぎました。彼とは通訳なしの英語で気楽な会話ができました。ボディーガード（ＳＰ）たちは誰一人部屋に入らないようドアの前に立ち、最後にカメラマンだけが中に呼ばれて記念撮影をしました。

国際局長の立場では当時の胡錦濤《こきんとう》（フー・チンタオ）中国国家主席にも、二〇〇三年四月に民主党の党首だった管直人氏の中国訪問で、北京でお目にかかることができました。当時民主党は野党第一党だったので、将来に於ける中国との友好関係を強化するため三日間の日程で八名に及ぶ国会議員団の訪問を行いました。多くの中国の政治リーダーと会議を行いましたが、胡錦濤国家主席との会談は訪問のハイライトでした。一時間に及んだ会談はすべて胡錦濤主席と管直人氏ふたりの間で行われました。外交エチケットに従って他の議員は黙ってふたりの会話を聞くのみでした。それでも握手のときそれぞれが一言ずつ挨拶を交わしました。主席は日中間の貿易と文化交流が活発に行われていることを評価しながらも、日本の侵略戦争と中国に被害をもたらしたことをもっとはっきり日本の歴史教科書で教えて欲しいという要望を付け加えることを忘れませんでした。

フィンランドの女性大統領タルヤ・ハロネン（Tarja Halonen）氏とは二〇〇四年の八月、里帰りの際に表敬訪問をすることができました。面会の場所は大統領宮殿内にセットされ大統領はお一人だったので、幸子も隣の室内で待つことにしました。大統領はその秋に日本を訪問することになっていたので、三〇分間の会談の大半は日本に関する質問でした。約束の時間が終わる頃「奥さんは今どこにいるのですか？」と聞かれ、「隣の部屋で待機しています」と私が答えると、「こちらへ呼んでください」と迎えてくれました。その後さらに一〇分ほど三人で会話を続けることができ、幸子は思い掛けない機会を得たことを大変喜びました。そしてその秋、日本での大使館レセプションで大統領と再会を果たしました。

里帰りの間には、国会議長パーボ・リッポネン（Paavo Tapio Lipponen）氏との会談も行いました。紅茶を飲みながら和やかな雰囲気の中で日本とフィンランドの現状について話し合いました。すでに二度会ったことがあるので雑談なしでただちに主テーマに入りました。

両国に共通の緊急に取り組むべき課題がたくさんあることに、改めて驚かされました。教育では、校内暴力が大きな悩みの一つでした。フィンランドの教育レベルが高いことは間違いありませんが、日本と同様、弱い子どもへのいじめが増えていると聞きました。

環境問題では、地下水の汚染が農薬や化学肥料の使い過ぎによるものだと多くのフィンランド人が考えています。また、有機農業によって育てられた農産物は好ましいけれど、値段の高さが普及の妨げになっているとも。

湖や川の水質浄化のためのフィンランドの技術力は世界的に見ても高水準で、既に多くの国で活用されているので日本にも紹介したい、と議長は環境問題を語りました。フィンランドでも異常気象が顕在化している。豪雨や嵐などによる被害も急増しており、人為的なものが多いと言われました。二酸化炭素の排出量をいかに減らすか、というのもフィンランドの課題です。

外国人たちとの文化摩擦や人権差別も両国共通の悩みです。この件を彼は憂慮していました。また、両国のオリンピック選手の成績なども当然ながら話題になりました。アテネ五輪で日本が金メダルを一六個獲得したことに対し、フィンランドはわずか銀メダル二つのみ。日本の成功の秘訣について聞かれましたが返答に困りました。人口から考えれば、日本の人口は一億二七〇〇万人、フィンランドは五五〇万人しかいないので、その差も一つの理由でしょう、と慰めてみましたが、効果はあまりなかったようでした。

アメリカのディック・チェイニー（Dick Cheney）副大統領とは二〇〇八年六月、一二人の参議院議員団で訪米した折にワシントンで会うことができました。ちょうどその頃アメリカでは大統領選挙が行われていました。オバマ候補が当選する可能性について思い切って副大統領に質問を投げてみましたが、立場上「ノー・コメント」という素っ気ない返事でした。

フィンランドの元大統領マルッティ・アハティサーリ（Martti Ahtisaari）氏と二〇一一年一一月、東京で会いました。議員たちとの自由な意見交換のために議員会館に会合の場を設けました。会合ではアハティサーリ氏に、暴力なしの紛争解決と平和調停における活動、特にインドネシア・アチェ紛争における彼の平和調停の働きかけについて語ってもらいました。議員たちからあまりにも多くの質問が出されたので一時間の予定の会合が二時間に延びました。民主党の元党首鳩山由紀夫氏も参加していたので、アハティサーリ氏が彼に、紛争解決や平和調停の仕事をぜひやって欲しいと提案し、鳩山氏なら自分よりもその役を果たすことができる、と激励しました。鳩山氏はいつものようににこやかな笑顔になって、光栄なご提案なので検討してみたい、と応じました。

四国巡礼の旅に出よう

国会議員の最大の任務は、日本をより明るい未来へと導く政策の立案と実行です。が、目の前の課題を一つひとつクリアしていくことに忙殺されて、考える時間は思った以上にありません。議員になって二年半が過ぎた頃、進むべき道を見失ってしまいそうな焦燥を覚えることがままありました。他の議員たちは長い経験を活かして私よりてきぱきと上手く仕事をこなしているように見え、それに引き替え、私は時間とエネルギーを無駄遣いしているのではないか、と。有機農業の推進を自分の政治目標とし、外国人にとっても住みやすい差別のない社会と世界により開かれた日本へという政策課題に取り組んでいましたが、それに加えて国政からないがしろにされている潜在的な諸問題で自分が関わるべき課題を見つけたいと思いました。

友人の大倉さんから薦められた本を読み返したのがきっかけだったのかもしれません。混迷していた私は不意に、一二〇〇キロに及ぶ聖地巡礼の旅をしてみよう、と決心しました。日常から大きく離れることによって自分の使命が見え、同時に何か新しい視野が開けるかもしれない。

四国に一千年の歴史を持つ巡礼のコースがあることは、以前から知っていました。遍路を歩く過程で多くの人が悟りを開いたり、抱え続けた問題の解決策を見つけたり、生きることの意義を再発見しています。私はイエスの教えをバックボーンに生きてきましたが、仏教や日本古来の宗教観を理解することが今の自分には必要である、とも考えました。

歩き遍路に出ましょうと妻に提案したところ、即座に賛成してくれました。全長一二〇〇キロの道のりを一日二〇〜二五キロ歩くことになると伝えましたが、それも了解してくれました。大まかに計算すると五五日が必要なので、国会が休みのときを利用して何回かに区切って歩く計画を立てました。一回目の歩き遍路を二〇〇四年九月に設定し、その後四回に分けて、歩き終えたのは二〇〇六年一月でした。

日本には巡礼のコースがいくつもあり、巡礼者がコースの途中にある寺に立ち寄って、身内や自分のために祝福や守護をお祈りします。八十八ヶ所の寺があるこの四国巡礼コースがもっとも長く、もっともよく知られた巡礼路です。車や観光バスを利用して巡るグループ巡礼者が多いのですが、一人や数人の仲間で全コースを巡る人もいます。自転車で回る人もいますが、たいてい単独です。

一二〇〇年前、僧侶の弘法大師（空海）は悟りの意義を次のように定義しています。

「この世のすべてのものを愛する心と、真実を求める心を固く持って、行動と言葉と心のすべての働きを通じて、真理を悟り、仏の知恵に気づくこと」

四国遍路の大半の寺は、空海や彼の弟子たちによって建立されたものです。遍路道は空海の教えを実践し守り続けるために作られた伝統のある八十八ヶ所の祈りと悟りの場所、と言えます。

風が吹くと風を楽しみ、雨のときは雨を楽しむ。遍路には季節や気候は関係ない。台風や大雨以外は予定を変更しない。自然からの霊気をいただいてエネルギーに換えていければ、と出発前夜二〇〇四年九月一九日の日記（メルマガ一四五回）に書きました。

幸子と私は他の巡礼者に倣って、同じように白衣《びゃくえ》と菅笠を身にまといました。また巡礼者は白い袋を首から下げて納経帳と呼ばれる巡礼手帳をその袋の中に入れて歩き、各寺で参拝をしたあと納経帳に御朱印をいただきます。さらに巡礼者は通常、金剛杖という木製の杖を持って歩くのですが、私たちはその代わりにウォーキングストックを使いました。菅笠には「同行二人」という文字が書かれています。それは空海と共に歩いているという意味を表しています。

巡礼者は寺の近辺にある「お遍路宿」に泊まるか、コース沿いにある一般的な小旅館、あるいは都市部のビジネスホテルや比較的規模の大きな旅館などに宿泊する、という選択がありま す。我々は予め予約したビジネスホテルに泊まることを主としました。

最初は一日二〇キロ平均で歩いていましたが、少しずつ距離を伸ばして二五キロまでになりました。私にはそれくらいの距離で大丈夫でしたが、幸子は山越えなどで足を傷めて一時的にはタクシーや電車を使わなければならないこともありました。

コースは街の中や畑、森や山中などさまざまな風景の間を抜けて行くのですが、遍路標識がたくさんあるので道に迷うことはまずありません。長年にわたる伝統が息づいているのか、お遍路さんはどこでも歓迎されます。特別なもてなしを受けることも多く、コース沿いにある店の人たちは巡礼者にとても親切で、差し入れとして果物やチョコレート、飲み物などを施してくれます。巡礼者を「お接待」することはその人にとっても徳を積み福をもたらす、と信じられています。ある日、小さなコーヒーショップに立ち寄ってコーヒーとケーキを注文しました。店を出るときに料金を支払おうとすると、「お代は要りません」と言われました。驚いてその理由を訊くと、お遍路さんからはお金を受け取りませんと言います。空海と共に歩くお遍路さんを接待することは即ち空海に奉仕することなのです、と説明してくれました。

私にとってこの巡礼は議員となった自身に日本古来の悟りを求める、という意義がありました。歴史的な寺院を苦労して参拝することによって、日本人の根幹を形成している仏教を肌身で知ることができるだろう。お寺ではキリスト教会のような週礼拝は行われていませんが、地域の住民たちが寺の信徒になっていて、何百年間も寺を維持しています。その寺で信徒たちは葬式を執り行い、お墓を建てて供養するのです。

つまり仏教は日本人の精神的な支えと同時に、祖先との繋がりを結んでくれる宗教なのです。八月にお盆という先祖の霊を迎えて冥福を祈る仏事があります。そのときには祖先の霊が生きている子孫の家に訪ねてくると信じられています。お墓参りも最低年に二回行われている仏事で、それ以外にも住職が定期的に信徒の家を訪問して祖先の供養をします。大半の家庭には「仏壇」が置かれ、亡くなった身内の遺影が飾られています。今でも一部の家庭では家族が毎朝仏壇の前にひざまずいて線香をあげます。親戚や友人たちが訪ねたときも、第一章で紹介したようにまず仏壇の前で祖先にご挨拶をします。

お寺参りは四国巡礼に限らず、日々、全国各地で盛んに行われています。山の上にも多くの寺があります。急斜面の山道を数時間かけて登らなければたどり着けないような寺もあります。そんな参道の道端には決まって石で作られた仏像があちらこちらで見られます。その前を通るとき多くの日本人はしばし立ち止まって拝みます。石仏にも人を守護する霊があると信じられています。十字架が教会や墓地にあるように、また首飾りが我が身を守ってくれると考える信仰と同じです。なお、十字架の首飾りは、日本ではクリスチャン如何に関係なくよく使われているアクセサリーです。仏教は日本人の生活から切り離せない宗教ですが、現在大半の若者が仏教から遠ざかっていることも事実です。しかし私が見る限り、人間の力を超える霊的な力を信じることは、今も日本人にとって心の拠り所であると思えます。ただそれは特定の宗教と繋がっていない信仰です。私自身にとっても、神はキリスト教や仏教の教えよりもっと広い概念として存在しています。神はどこにでもいてキリスト教のみならず他の宗教を通じてもお祈りすることができる、「宇宙万物の神」だと信じています。

一回目の巡礼は東京からの往復空路も含めて六日間、第一番札所の霊山寺から一七番の井戸寺までの八八キロを歩き、二回目の行程は二週間で計二六〇キロを歩きました。幸子と私は常に二〇メートルほど離れて歩いていました。会話をせずになるべく何も考えない無心の状態で歩き、休憩や食事のときだけ一緒に行動しました。心の中で、いずれ何らかの閃きが得られるかもしれないと予感しているところがありました。

行き交うお遍路さんからは時々、クリスチャンなのになぜ遍路を歩くのですか、という質問を受けました。私はそのことに何の矛盾も感じていません、と答えました。人類の歴史の中では、「霊界」から特別な使命を受けた人物が数多くいます。たとえば、イスラエルの民をエジプトからイスラエルへ導いたモーセ、イスラム教教祖のモハメッド、仏教の釈迦、そしてイエスキリスト。空海もそのような偉大な任を受けた一人であると私は思っています。だから、我々も彼らを通じて霊界からの「光」を受けることができると思うのです。

私はキリスト教の下で生まれ育ったので、キリスト教がもっとも親しくて大切な宗教です。しかし日本人の信仰の源はほとんどが仏教です。この巡礼の旅で仏教からの知恵と力を体感することが少しはできるし、日本人の心情に寄り添えることは間違いありません。

巡礼の途中、遍路コースを何周も回っている人にも出会いました。ある男性は五年前に仕事を引退したあと妻が亡くなってしまったことからお遍路さんを始め、それから五年間ずっと歩き続けていると話してくれました。そして今後も健康が許すかぎり歩き続けたいと言いました。

遍路全行程を一〇九回巡ったという六五歳の男性にも会いました。若いときには車で、しかし五年前からは野宿をしながら自転車で巡礼を続けています。この先まだ二年間巡礼を続けた後に、遍路コースに無料の「遍路宿」を作りたいという計画を持っているそうです。すれ違いのわずかな時間の会話でしたが、その男性の平和に満ちた表情に不思議な安らぎを感じました。

自転車で巡礼していた一人の男性がいます。夕方の時間だったのでかなり疲れた様子でした。「遍路は最後に自分との戦いです」と私にもらした彼の顔は、しかしながら微笑みを湛えていました。彼は五年間遍路をつづけている途上でした。

「ドライブインはしもと」の橋本さんもまた奇特な方です。古い大型バスを遍路宿に改造して無料宿泊所とし、さらに飲食の無料提供も施しています。これまでに七〇〇名以上のお遍路さんがお接待を受け、その方々からの感謝の便りを五つの箱に大事に保管しておられます。全体を通して、我々がお世話になった宿すべてのサービスと心遣いは申し分のないものでした。それは決して私の国会議員という立場を意識したものではありませんでした。というのも、宿の予約は秘書の名前でとっていたので私が参議院議員のツルネンであることは行く先々で全く知られていなかったのです。ですから余計に、お遍路さんに対する待遇実態は真心のこもったものである、ということが分かりました。

悟り体験と本会議の代表質問

遍路すなわち信仰、ではない。疲弊した心を癒やしたくて歩く巡礼者もいれば、既に人生の意義を知っていながら平穏な心を保つために歩く人もいる。私は予想していなかった賜物を与えられました。それは妻が足を傷めたのがきっかけでした。普段の生活の中では妻が私のペースに合わせてくれることがほとんどでしたが、遍路を続けていく中で私が幸子の歩くペースに合わせなければならなくなったのです。妻のこれまでの努力を垣間見ることができ、同時にはるばる遠路の巡礼にこうして同行してくれている現実を重く受け止めました。

所属している民主党の政策やビジョンに関して党籍のある私はどのように関わっていく方針がいいのか、正直なところ迷うことがあります。国民の間で民主党に対する期待が大きい反面、不信感があることも痛感しています。有機農業の推進を使命とする、という気持ちに些《いささ》かの迷いもないけれど、違う分野についても積極的に政策提言をやっていくべきではないか。民主党の代表選でもこころざしを同じくする仲間と共に活動するべきではないだろうか。

そして迷いが解けたのです。私の役割は、党に対して自由な立場であるべきだと分かったのです。私が考えている未来のビジョンに賛同する仲間は、党内だけでなく党外にも一般国民にも既に大勢います。しがらみのない姿勢で彼らと共に行動することが大切だ。議員としての活動も、党派を超えた政策本位で進むことがベストだと悟りました。

二〇〇六年一月。一二〇〇キロの巡礼コースをあと五キロほど残した地点で、思いがけない電話が携帯にかかってきました。民主党の参議院会長からでした。党の参議院会派「新緑風会」の役員会が、私を一月二五日の本会議において代表質問に立つ議員に選んだとの報告でした。質問時間は二〇分、質問の内容も自分で決めてよいとも言われました。但し、質問原稿のチェックのために二日前までに役員会へ提出しなければなりません。巡礼の最後の日にいただいた指名であったので、巡礼で得た悟りを国民の前で回答する機会を与えられたと思いました。

当時、参議院で民主党の議員は八〇名でした。一月二〇日に行われた小泉総理大臣の施政方針演説に対して、党を代表して本会議で質問する議員は三名です。質問の中では自分独自の意見や提案をすることができます。一二年間の議員活動中、本会議で数回質問したことはありましたが、総理大臣の基本方針に対する質問はこの一度だけでした。他の本会議での質問は各法案に対する質問でした。

質問の一問目は、衆参の役割の違いに対する質問でした。一つの大きな違いは、国家予算の議決についてです。予算は参議院でも審議されますが、参議院で否決された場合には衆議院の議決が優先されます。他方、決算は参議院で審査され、予算が適正に目的どおり使われたか、不適正なものや非効率なものがあればこれを内閣に警告し、将来の財政計画や執行をより一層適正なものにしていくという重要な役割を担っています。残念ながら、この役割分担が国民の間では充分に知られていません。従って、衆参の役割が同じであると思われているので、国民の間で参議院が本当に必要であるかどうか賛否両論があります。

二番目の質問は、日本のアジアにおける外交政策についてでした。三番目に、農林水産大臣に対して有機農業に関する質問。最後は、総理に教育についての包括的な質問をしました。

本会議の質問はＮＨＫを通じてテレビやラジオで全国に生中継されます。主な新聞の朝刊でも質疑応答が紹介されます。ですから国民にマスコミを通じて有機農業や教育、外交における国際貢献、衆参両院の違いについて自身の見解を伝えることが可能です。巡礼によって精神的な心構えもできていました。質問のあと多くの与野党の同僚が私のスピーチ、とくに流暢な日本語を褒めてくれました。四国巡礼が私に自信を与えてくれたことに、感謝の念が湧きました。

以下本会議記録からの抜粋です

一六四 - 参 - 本会議 - 三号 平成一八年〇一月二五日

○議長（扇千景） ツルネンマルテイ君。

〔ツルネンマルテイ君登壇、拍手〕

○ツルネンマルテイ君　民主党のツルネンマルテイでございます。

私は、民主党・新緑風会を代表して、総理及び関係大臣に質問いたします。

初めに、参議院の役割について伺います。

参議院の役割を見直す必要性を参議院議員である我々は痛感していると思いますが、有り難いことに、いろいろな改革が既に始まっています。

その一つには、言うまでもなく、予算と決算に対する役割分担です。衆議院は国の予算を決める院であるのに対して、参議院には決算を厳しくチェックするという重要な役割があります。参議院では予算実行の無駄を見付け出し、それを次回から省くように政府に要求します。これだけでも二つの院にははっきりとした役割分担があります。しかし、残念ながら、この改革は国民にはまだ十分に知られていないことも事実です。

本来、中立の立場でチェックするためには、参議院から政府の大臣や副大臣、政務官に入るべきでないという考えがあります。以前、参議院の院内会派、緑風会にはそのような決まりもあったと聞いています。これについて、小泉総理の考えを聞かせてください。個人としての意見で結構です。

次に、日本のアジア外交について質問しますが、その前に少しばかり、日本とアジアとの外交関係を、外国で生まれ育ったフィンランド系日本人の見方として参考までに説明させていただきます。

日本のアジア外交は、戦後、主に発展途上国への経済支援や国際機関への拠出金のような国際貢献に依存した外交であったと言えるのではないでしょうか。

経済的な援助がＯＤＡを中心として行われてきたのです。ＯＤＡの使い道にはいろいろな問題があったとはいえ、アジアの国々のインフラに貢献できたことも事実です。それはまた、日本のアジア外交にとっても一定の役割を果たしました。つまり、日本から援助をもらっている国では、政府レベルでは日本の悪口をなかなか言えない関係ができたのです。悪く言えば、日本のアジア外交はお金の力に頼る外交であったと思います。

しかし、最近は、中国と韓国などは、日本の援助に頼らなくてもやっていけるようになったためか、日本の政府を厳しく批判するようになってきています。それは、彼らから見れば、その背景には日本の戦争責任に対する問題ももちろんあると思いますが、今日はそれについて触れないことにします。

いずれにしても、戦争に負けた国としての日本には、欧米の先進国のように政治力や軍事力に基づく外交は当然できなかったわけです。

ここで小泉総理に質問ですが、このようなＯＤＡを中心とした外交戦略を日本が今後も続けていく方がよいと思われますか。それとも、今までとは異なった戦略、つまりＯＤＡのほかに新しい外交力を発揮すべきだと思われますか。そして、その新しいアジア外交として具体的にどのようなものを考えておられますか、お聞かせください。

小泉総理は、マスコミからアジア外交について質問されると、いつもアメリカと日本との外交関係を親密にすることがアジア外交のためにも最も重要なことであると答弁していますが、それはアジア外交の戦略にはならないと思います。一つでもいいから具体策を聞かせてください。

また、答弁の中で靖国問題に触れなくても結構です。小泉総理の靖国参拝に対する弁解を、私も国民の皆さんと同様、飽きるほど聞いていますから。つまり、中国や韓国の外交を非難するのではなく、日本のアジア外交を見直すためにどうすればよいのかについて答弁をお願いします。

次に、農業について、中でも特に有機農業について中川農水大臣に質問します。

御存知のように、有機農業とは、化学的に合成された肥料も農薬も使わない農業です。遺伝子組み換え技術も利用しないで、土地の性質に由来する農地の生産力を発揮させることによって安全な農産物を育てることとともに、環境への負荷をできる限り低減した栽培方法であります。

以前は有機栽培の技術はまだ十分に発達していなかったこともあって、生産量や外形などにおいては慣行農業に劣ったところもありましたが、最近は有機栽培のノウハウの進歩に従って、有機農業に転換する専業農家も増えています。特に米作りでは、自然の循環機能を生かした有機栽培により、優れた成績を上げている農家が増えています。また、消費者の中でも、食の安全性を重んじる機運が高まっていることは事実です。こういうことから、有機農業は衰退している日本の農業を再生する切り札になる可能性を持っていると考えます。

しかし、日本ではまだ有機農産物は全農産物のわずか一パーセントです。ＥＵや米国では有機農業が大幅に拡大しつつあります。また、途上国も、輸出による所得向上や輸入化学資材への依存度を低減させ、自立農業を構築するために重要となっています。

国内における有機食品の供給が伸びない中で国内需要が拡大すれば、有機食品の輸入が促進され、食料・農業・農村基本計画に掲げる食料自給率向上という目標に逆行する懸念があります。

このような中で、有機農業を積極的に育成、振興していく必要があると思いますが、政府は、有機農業技術の向上、普及や有機ＪＡＳ認証取得の促進のためにどのような支援を行う用意があるか、答弁をお願いします。

また、超党派で組織する有機農業推進議員連盟では、有機農業の振興を図るための法律が必要と考え、法律案提出の準備を行っています。

消費者の選択に資するように、有機作物と有機加工食品の表示が適正に行われていることを監視するのは国の責務であるが、一方、食料自給率向上の観点から、有機農産物や有機加工食品の生産振興を図ることも国の責務ではないかと考えます。

政府は有機農業振興のための支援法の必要性についてどのような所見を持っているか、お聞かせください。

次に、教育問題について質問します。

小泉総理が平成十三年五月七日の所信表明演説の中で、一躍有名になった「米百俵」という言葉がありました。その言葉に含まれているメッセージを再び思い起こさせるために簡単に説明します。

それは、明治の初め、戊辰戦争で焼け野原となった長岡城下に救援米として送られてきた百俵の米にまつわるエピソードです。時の長岡藩の大参事小林虎三郎は、この百俵の米を藩士に配分せず売却し、その代金を学校の資金に注ぎ込んだのです。その出来事に含まれている教えは、国が興るのも町が栄えるのもことごとく人にある、食えないからこそ学校を建て、人物を養成するのだ、つまり目先のことばかりにとらわれず明日を良くしようというものです。

初めは、小泉総理もこのような精神を込めてこの言葉を使ったと思いました。しかし、それからおよそ五年経過し分かってきたことは、このすばらしい精神が小泉総理にとって単なる掛け声に過ぎなかったということでした。

総理、小泉政権の下で日本の義務教育に対する公的支援は一貫して低調に推移しています。公教育の財政支出は対ＧＤＰ比率二・七パーセント、ＯＥＣＤ各国中最低の水準です。小泉総理は、教育改革の中身については全く関心を示していません。結果として、児童生徒をめぐって、いじめ、殺傷事件などが続発し、学力、体力など、子どもたちの生きる力も急速に低下しています。

小泉総理は、こうした教育現場の惨状を一切顧みることなく、全く教育論がないまま、一昨年来、三位一体改革の名をかりて義務教育費総額の削減を強引かつ巧妙に推進していると考えます。一方では、文部科学省も、教育現場に対する中央管理統制主義を改める意思を明確には打ち出しておりません。

一体、政府としては、今後の教育についてどのような方向を目指そうとしているのか、全く不透明ではありませんか。まず、総理の義務教育に関する基本的な理念をお聞かせください。

今回、政府は、十八年度予算案の中で、義務教育費国庫負担金国庫負担率を現行の二分の一から三分の一にするとしています。三位一体改革の方針に基づく措置とされていますが、なぜ二分の一から三分の一になったのでしょうか、総理から明確な説明をいただきたい。また、義務教育について国の果たす役割はどのようなものと考えるか、総理の答弁を求めます。

最後に、私は、一昨年九月から始めた四国八十八ケ所歩き遍路、およそ一千二百キロメーターをこの今月の一五日に歩き終えました。そこには奉仕というすばらしい精神がありました。政界にもこのような愛に基づく奉仕の精神が強くなることを願って、私の質問を終わります。（拍手）

〔内閣総理大臣小泉純一郎君登壇、拍手〕

○内閣総理大臣（小泉純一郎）　ツルネンマルテイ氏にお答えいたします。

同じ神奈川県民として、はるばるフィンランドから日本に永住されて、歴史や伝統、文化、習慣の違いがありながら、湯河原町議会議員に住民から信頼され当選された。その後、現在、参議院議員として、外国人として日本に永住され活躍されることに対して注目しておりました し、敬意を表している次第でございます。

参議院議員の在り方についてでございますが、閣僚や副大臣、政務官の任命権は原則として内閣総理大臣にあり、衆参両院の国会議員のみならず、民間からの登用も可能であります。当然ながら、閣僚等の候補者として打診されたからには、参議院だから閣僚にはなりたくない、副大臣になりたくないというのは自由であります。就任を辞退することもできますし、参議院の独自性を尊重するからという理由で拒否されることについて私は異議を唱えるものではございませんし、今後、独自性について各議員が、私はそれぞれがお考えになるべきことだと思っております。

我が国のアジア外交についてのお尋ねでございますが、豊かで安定したアジアの実現は我が国の安全と繁栄に不可欠だと思っております。そのための重要な政策手段として、今後ともODAを活用してまいります。

ツルネン氏は、私がアメリカと日本との外交関係を緊密にすることが、これはアジア外交の戦略にはならないと考えておられるようですが、その点は私と意見が違います。アジア外交を進める上においても、日米関係が緊密であるということはアジア外交を戦略的に進める上においてもきわめて重要なことであります。また、靖国問題についても、アジア諸国において中国、韓国以外に私の靖国参拝を批判する国はありません。

今後、私は、アジアが将来の共同体形成に向け歴史的変化を遂げつつある中、自由と民主主義を尊重する開かれたアジアの実現など、将来の地域秩序の構想といった面においても積極的に貢献してまいります。

我が国は、テロや感染症対策といった地球規模の課題あるいは経済連携、人的交流の促進など幅広い分野において、アジア諸国と実質的、具体的な協力を実現してまいりましたし、現在でも実施しております。先月の東アジア首脳会議の成果も踏まえ、今後とも、アジアの一層の安定と繁栄のため、こうした協力関係を強化していく考えであります。

義務教育の基本理念についてでございますが、米百俵について、長岡藩小林虎三郎のことについてもお触れになりましたけれども、私は、教育は国の発展にとって一番重要なものだと思っております。日本を支えていくのは人であります。資源のない日本にとっては、教育は幾ら重視し過ぎてもし過ぎることはないと思っております。また、教育について、江戸時代からそれぞれの藩が地域として独自に教育活動を展開して多くの人材を輩出しております。

義務教育について、国がその教育の重要性、その根幹を保障するということはきわめて重要だと思っております。教育現場の権限と責任を拡大するということも必要ではないかと思っております。

今後とも、国として義務教育の目標設定、費用負担などの基盤整備等、これはしっかり行っていかなきゃならないと思っております。また、地域の自主性、裁量権も拡大していくことも重要だと思っております。

義務教育費国庫負担金については、政府・与党で国の責任を引き続き堅持するとの方針の下に、約八千五百億円の税源移譲を求めた地方六団体の案を生かす方策を検討した結果、負担割合を三分の一とした上で、約八千五百億円の税源移譲を確実に実現することとしたものであります。

残余の質問については、関係大臣から答弁させます。(拍手)

〔国務大臣中川昭一君登壇、拍手〕

○国務大臣（中川昭一）　ツルネンマルテイ議員にお答え申し上げます。

有機農業につきましては、言うまでもなく、環境保全に大きな貢献をする農法でございますし、また消費者の皆さんにとっても、この有機農法で作られた農産品についてのニーズは強いわけでございますが、御存知のようにこの農法は、たとえば手間がかかるとか、あるいは病害虫に弱いとか、結果的にコストが少しかかるとかいった問題がございまして、今御質問にございましたように、まだまだ全農産物の中でのシェアが非常に低いわけでございます。

しかし、御質問にもありましたし、私も思っておりますけれども、この考え方は多くの国民に私は支持されていると思っておりますので、農林水産省といたしましても、これを一層進めていきたいということで、いろいろな諸策を考えているところでございます。たとえば、病害虫に強い新しい品種の改良、あるいはまた天敵、たとえばカルガモ農法なんていうのもございますし、それからフェロモン剤というものを利用したというような農法も、現在いろいろな形で技術的に今研究あるいはまた開発をしているところでございます。

それからまた、持続農業法に基づく土づくり、あるいはまた化学肥料、農薬を極力使わないような農業者に対する、いわゆるエコファーマーに対する金融・税制上の支援といったことも既に実施しているところでございます。

さらにまた、ＪＡＳ法に基づきましてこの農産物は有機農法で作られましたということを認証しているわけでございますけれども、これにつきましても一層支援、促進をしていきたいというふうに考えております。

さらに、平成十九年度から新たに導入することを予定しております農地・水・環境保全向上対策におきましても、有機農業を含めまして、地域で相当程度のまとまりを持ってこれに取り組んでいる先進的な農業者あるいはまた農業の集団につきまして、いろいろな支援をする準備を平成十八年度からやる予定にしてございます。

第二点の御質問でございますけれども、支援法についての御指摘でありますが、先ほど申し上げましたように、これについては、国民的な御理解、御支持というものがなお一層広がることが大事でございますけれども、既に農林水産省としては非常に重要な位置付けを持っておりまして、いろいろな支援体制、法制度を整備しております。ＪＡＳ法あるいは持続農業法等でございまして、これを更に一層充実させていくということでございまして、現時点におきましては、この支援法というものをこれから制定に向かって作業を進めていくということについては考えておりませんが、御趣旨は十分我々も踏まえまして更に進めさせていただきたい、先ほど申し上げました平成十九年度からの新しい制度も含めましてやっていきたいと思っております。

いずれにいたしましても、生産サイドだけではなくて、消費者、国民全体が環境保全のために有機農業に対して一層の御理解賜りますように、議員のお力も含めまして、ひとつ御指導賜りますことを心からお願いを申し上げます。（拍手）

寄付と賄賂の土壌

日本の特徴的な文化の一つにプレゼント交換があります。贈り物自体の習慣は世界中にありますが、日本の場合は人間関係を維持するための「ルール」と言えるくらい、日常生活に根付いているのです。たとえば二月一四日のバレンタインデーは、本家アメリカから輸入されたイベントを独自に「カイゼン」した日本文化です。女性が意中の男性にチョコレートをプレゼントする日となっていて、そこから派生して女性は自分が所属する職場や学校の男性すべてにチョコレートを渡す光景が一般的になっています。チョコレートを受け取った男性は翌月の三月一四日、日本では「ホワイトデー」と呼ばれ、お返しをすることになっています。ホワイトチョコレートやマシュマロ、意中の女性には「倍返し」でアクセサリーやブランド物のハンカチーフなどを贈ります。

とにかく、いろいろな場面においてプレゼントの交換は一般的です。対象は家族、親戚、友人、仕事仲間、顧客など多岐に亘ります。プレゼントをすると大抵の場合「お返し」も義務づけられてます。概ねいただいたプレゼントの半額相当となります。フィンランドでもプレゼントを贈る習慣がありますが、それに対する「お返し」の習慣はあまり一般的ではありませんね。

日本には国民が一斉に贈り物をする時期が年に二回あります。夏の贈り物は「お中元」と呼ばれ、夏の暑さに耐えられるようにと祈りを込めて贈ります。お中元と称していただき物をした外国人は、「お返し」が必要かどうか、それでなくても蒸し暑い時期に頭を悩ますことでしょう。年末に贈るプレゼントは「お歳暮」で、その年にお世話になった人へ感謝を込めて贈ります。「お歳暮」と朱書きされた封印紙を外すと、二千円から一万円の贈答品が美しく収められています。まとめてデパートなどから送るため、菜食主義者に高級ハムが届いたり、同じデパートの同じ調味料セットが同日に二つ届くというような偶然もあります。

結婚するカップルにプレゼントを贈るのはごく当たり前のことです。結婚式やそれに伴う披露宴は一般的にホテルやウェディングホールで行われます。披露宴のために新郎新婦側は招待客数×二万円くらいの費用が会場費と食事代として掛かります。一方、披露宴の招待客は普通三、四万円のご祝儀を贈り、カップルの両親と身内はさらに多く出すのがルールになっています。花嫁は最低でも一回は衣装替えをするので二着のウェディングドレスか着物が必要です。「引き出物」と言って、招待客に記念の小物などを「お返し」することが決まり事です。しかし、万人が喜ぶプレゼント品なんてあり得ませんから、「引き出物」の大半は不要品となってクローゼットの奥に仕舞われることになります。

旅行に行けば日本人は必ずと言っていいほどお土産を買います。家族や友人などに、旅行記念として現地で買い求めた品をあげます。旅行に行くことが職場で知られていると、みんなで食べられるようなお土産を持って出社しなければいけません。

クリスマスには親しい者同士プレゼントをしますし、子どもが生まれたら出産祝いを、知人（その子弟を含む）が高校や大学に合格したら入学祝いを、正月には家族や親戚の子どもたち全員に「お年玉」を贈る習慣も必須となっています。お年玉に相場はなく、五百円から五万円まで、幅広いようです。

さて、国会議員や地方議員はいかなる場合でも選挙区の有権者から贈り物をもらうことも渡すことも禁止されています。プレゼントが票の売買とみなされるからです。

しかし、幾分透明性を増したとは言え、政治家が金によって動くという不信は相変わらず国民の間に根強く残っています。各種の団体を回って行われる「迂回献金」は後を絶ちませんし、企業から直接「裏金」をもらっている政治家は数多くいるようです。ジャーナリストが取材に動いて明らかになるケースは時々ありますが、ほぼ表には出ません。

政治資金の透明性を高めるために野党からは毎年新しい法律案や法改正案が提案されてはいますが、自民党の抵抗のために抜本的な法案が通らないのが現状です。二〇〇四年の初め、私も政治献金の透明性を進めるための提言を民主党本部に提出しました。

一．政党本部への個人・企業・団体からの献金は今後も認めるべきで、銀行振り込みを条件とすること。なおかつ、完全な情報公開をすること。

二．政党本部へ献金をする側（者）は、その献金を特定の政党支部や政治家へ回して欲しいという希望や指示をしてはならない。すべての献金をひも付きなしの収入として本部の指示で使うようにする。

三．政党支部への企業献金を一切禁止する。

四．本部から支部への資金は平等で透明に配布する。

五．本部の会計をすべて外部監査によってチェックする。

六．個々の政治家への個人や企業からの献金は既存制度のままにおく（個人からは年間一〇〇万円まで、企業からは年間五〇万円までとする）。五万円以上の献金はすべて銀行振り込みで行う。選挙運動のとき街頭などで受ける五万円以下の「カンパ」は現金を認める。

民主党の他の議員からも似たような改革案が提出されましたが、いずれも日の目を見ることはありませんでした。

本会議場の困った人たち

議員は民主主議社会を統治するための必要悪か。答えは否です。しかし残念ながら政界には数多く不祥事が起きています。政治家が自己の利益追求を求めること、無意味な競争と中傷合戦、聞くに耐えない愚かな発言、道徳に反する行為などなど。大半の議員は国家国民のために働いていると信じていますし、事実、議員は与党野党を問わず議会開催中は真面目に務め、アルコール中毒のような議員でも議場で酔っぱらっている者はいません。しかし中には不誠実な人も一定の割合で忍び込んでいます。そのような不謹慎な議員がいるがゆえに、政治に対する信頼感は損なわれているのです。たとえば国会の会期中に繰り返し現れるいくつかの不作法な振る舞いが癪に触りました。

委員会の会合で厚かましくも居眠りする議員がいます。大きな声でいびきをかく者さえいます。委員長はそれに対し注意すべきですが、そんなことは稀です。義務教育では世界で最も厳しい授業が行われている国にもかかわらず。

委員会はしばしば朝から夜まで続くことがあってつまらない質疑応答も多いので、興味が薄れることは理解できます。前夜遅くまでバーで酒を飲んでいた議員もいることでしょう。睡眠不足で委員会に出ているのかもしれませんが、周りに迷惑を掛けるほどの居眠りは到底正当化できません。おそらく一般企業の役員会で昼寝することは許されていないはずです。

ところが不思議なことに、委員会、または本会議の模様がＮＨＫで実況放送されるときに眠る議員は少なくなります。醜態を見せれば次の選挙で落とされる恐れがあるからでしょう。委員会で惰眠を貪るのが常態化している議員を潔く辞職させるべきだ、と私は思ってきました。この意見をメルマガや自身の後援会会合でも述べたことがあります。マスコミが議員たちのこのような振る舞いをほとんど取り上げないことが私には不満でした。しかし、私は名前を挙げて糾弾することは議員の本懐でないために、控えました。

本会議場で大声、もしくは非道なヤジを飛ばす議員も私の気持ちを苛立たせます。質問を行っている最中の議員や答弁する大臣の話を聞き取ることさえできないヤジがあちらこちらから飛んできます。賛成・反対の立場からの意思表示はある程度理解できるものの、話の途中で発言者を嘲るような真似は卑劣そのものです。心ないヤジで質問者が自制心を失って話を中断する、という場面に何度も遭遇しました。しかし、スピーカーはヤジに対して反論することが許されていません。私は自分からヤジを飛ばす意思はないし、その行為自体を認めていません。

本会議場で、私の席の前に民主党の二人の女性議員が座っていました。彼女らは審議中であるにもかかわらず政治には全く無関係の話題についてしゃべっています。二人は親友だったのでおそらく話したいことが山ほどあったのでしょう。彼女らの会話内容はマイクを通した質疑応答よりもはっきり聞こえます。「もう少し低い声で会話してください」と二度頼みましたが、効果は少しの間だけしか続かず、すぐにまた元通りです。両名は議場でただの時間潰しをしているように感じました。彼女たちのおしゃべりは他の議員にも迷惑だったようで、後に会派の役員会が二人の席を離すよう指示しました。

日本の政治制度では子どもなどの親族が親の後継者として同じ選挙区から出馬することが認められています。自民党や民主党の議員の中には親から選挙区を受け継いだ議員がかなりいます。現総理である安倍首相もその一人です。旧勢力を批判して圧倒的な支持を得た小泉元首相でさえも選挙区を息子に譲りました。世襲制についての反対意見は大きくありません。政治の世襲制について声高に批判する気はないものの、親とは別の選挙区で出馬するべきではないだろうか、という考えが私にはあります。「親の七光り」が議員の大勢を占めるのは、健全なあり方だとは思えません。

日本の国政選挙では候補者が選挙に多額の運動資金を使うのですが、金額が億単位になることもあります。各政党は公認候補者に選挙資金を提供しますが、金額は政党によって異なります。およそ二千万円から六千万円といったところでしょうか。しかしその数倍を自力で調達する候補者もいるのです。企業からの政治献金には一定の制限があるので、裏献金を求める候補者が出て来る土壌になっています。

私に限って言えば、企業からの献金は一切断り、個人支持者たちからのカンパしか受け取りませんでした。民主党の公認候補になって以降は、党から選挙資金として約二千万円が支給されました。私には選挙を戦うのに足りる額でした。参院選での主な出費は事務所経費と秘書の給与です。全国比例区選挙では事務所を複数箇所持つことができますが、私には複数の事務所を持つ経済的余裕まではありませんでした。

二〇〇七年の参院選で二期目に

参議院議員の任期は六年で、二〇〇七年に私は改選を迎えます。前年一月に歩き終えた四国八十八ヶ所の遍路巡礼満願報告も兼ねて、同年一月二〇日、和歌山県の高野山に参拝させていただきました。

高野山は思っていた以上に神秘的な聖地でした。空海が高野山を真言密教の霊地にしたのは一二〇〇年も前のことです。現在の高野山は真言仏教の総本山である金剛峯寺を中心に百余りの寺があって、宗派を超えた信仰の聖地となっています。とりわけ弘法大師御廟のある「奥の院」

へと続く二キロの参道を歩いたときには、不思議な霊界の存在を感じました。参道の両側には何百年ものときを経た老杉が亭々とそびえ立ち、深厳さをたたえています。老杉の下には二〇万基を超えるあらゆる時代、あらゆる階層の人々の墓碑が静かに立ち並んでいるのです。巨樹と墓碑に囲まれて、私は精霊の世界を見たような気になりました。長い歴史を歩み続けた多くの先人たちが、今もずっと私たちと共に生きて、私たちを見守っているということを意識しました。先祖たちは我々と共に今、喜ぶことも悲しむこともできる。私は仏教徒ではありませんが、きっと先祖の中にはいろいろな人がいたはずです。これまでも数多くの「霊園」を訪れたことがありますが、高野山ほどご先祖との「共生」を強く感じたことはありませんでした。

心の中で老杉に向かって祈ります。

「私は夏の参議選に出馬します。ご先祖様、そして日本の大地がどうか私を祝福してくださいますように。私に選挙を戦うための知恵と力を与えてください」

参議院議員になってから私は毎週、メルマガで自分の考えや国政報告をしてきました。

二〇〇七年の一月二日は新年のご挨拶と抱負を述べ、有機農業のさらなる普及を誓いました。同月一〇日でも前年に成立した「有機農業推進法」を基に、有機野菜を現在の一パーセントから三〇パーセントにまで増やしたい、食料自給率を高めて諸外国からの輸入依存体質を変えていきたい、と書き記しました。一月二四日付けの内容は前述した「高野山へお礼参り」です。

二月は地球温暖化問題や、二月一五日に見たＮＨＫ『ニュースウォッチ９』の「フランスに於ける母親に優しい社会づくり」特集を紹介しました。

〈フランスでは出生率が回復し始めた。効果的な対策の一つは、小さい子どもを持つ働く女性のために、公の援助で自宅に「保育ママ」が来て子どものケアをする、いわゆる公的「ベビーシッター」制度である。「保育ママ」は母親の帰宅が遅くなっても帰るまで待っていてくれる。費用の半分は自治体が援助する。この保育ママ制度は一三年前にスタートして現在二五万人の保育ママがおり、働く女性の七割が利用するという制度にまで発展した。そのお蔭で「子育てが楽しい」と大半の母親が感じるようになった。（中略）私はとりわけその番組のタイトル「母親に優しい社会」が気に入った。日本では昔から「子どもに優しい社会づくり」が進められているが、「母親に優しい社会」という言葉はあまり聞いたことがない。（中略）終わりに、母国フィンランドの少子化対策についても一言加えたい。フィンランドでは子どもを持つ女性のほとんどがフルタイムで働くことができる。それは子を持つ親を支える環境が整備されているからである。たとえば三歳以下の子どものための保育手当は現在、月二九四ユーロ（四万五千円）で、また子どもが産まれるときの「父親休暇」は現在二週間である。元総理大臣リッポネン氏も現職総理のときにその休暇を利用したそうで、休暇の利用率は七割ほどだ。出産後の親への補助は二六三日間支給され、その一部は父親に支払われる。つまりフィンランドは母親だけではなく、両親に優しい国であるとも言える〉

三月二〇日のメルマガでは審議中の「特別会計法案」に触れ、以下のような見解を示しました。

〈特別会計の歳出純計は約一七五兆円にのぼり、一般会計とあわせた約二〇九兆円は日本のＧＤＰの四割を占めている。しかし特別会計の中身はほとんど国民には知らされていない。

民主党は、特別会計について次のような問題点を指摘してきた。

一．特別会計の規模の大きさや、複雑さから国の財政状況の一体的な把握ができない。

二．特別会計は既に役割を終え、あるいは不要不急な無駄な事業が多く行われている。

三．特別会計は多額の剰余金、積立金が放置され、効率的な財政運営が行われていない。

四．官僚の天下り先確保のために、特別会計を通じて独立行政法人、公益法人に多額の補助金、交付金が流されている。

五．天下りが関与した談合によって、公共事業関係の特別会計の資金がだまし取られている〉

五月には外交防衛委員会で安倍総理と関係閣僚に質問をし、やがて七月一二日からスタートする参院選を迎えます。野党民主党所属の議員として政府と対決姿勢を前面に打ち出すべきでしょうが、他党やその候補者を批判するような街頭演説はしないと決めています。私にとって他の政党や他の候補者は決して敵ではなくて、切磋琢磨し合う仲間なのです。そもそも私が訴えた「環境問題」「〝共育〟改革」「有機農業の普及」といったマニフェストは、民主党だけの力で実現することは不可能で、超党派で実現すべき大きな諸課題なのです。教育基本法の改正で、教育は（私が理想とするところの）「共に助け合いながら学ぶ」共育から、国家にとって望ましい「教え育て方」教育へと進めていいのでしょうか、と問いたいのです。

参議院選挙では、二四万二七四二人の有権者が投票用紙にツルネン マルテイという名前を書いてくれました。全国比例区で民主党から二〇名が当選し、私の票数は第六番目でした。

今回の選挙では全国レベルの一つの組織が初めて私を支援してくれました。組織の名前は「世界救世教」で、神道に似ている宗教団体です。全国各地に約二〇〇の教会があり、信者数は二〇万人ほどとされています。前回の選挙でも有志が個人的に私を支持してくれましたが、今回は本部からの正式な推薦状をいただきました。あくまで推定ですが、私の得票の四分の一を救世教のメンバーからいただけたと思っています。救世教の応援がなかった場合でもおそらく当選できたでしょうが、票数はぎりぎりだったかもしれません。

私がクリスチャンであると知った上で救世教は私を支援しました。救世教と私には共通の目標があったからです。それは有機農業の推進でした。救世教は岡田茂吉氏（一八八二〜一九五五年）が一九三五年に立教した新宗教教団で、一早く農薬や化学肥料使用に反対する自然農法の普及を訴えていました。現在も自然農法は救世教に於ける社会奉仕の重要な柱です。そのため彼らから有機農業推進法の作成過程でもさまざまな助言や尽力をいただきました。

高い得票結果となったのは民主党支持率の躍進があったからです。今回の参院選では、民主党の議席数が与党（自民・公明）の議席数を上回りました。自民党の大敗の主な原因は、政治腐敗と閣僚たちのスキャンダルが多発したことにあります。国民の反発は国家公務員にも向けられました。その最大要因は、五千万件の年金記録がどこかに消えてしまったからです。野党はこぞってこの問題で政府を厳しく追及し、マスコミも連日年金スキャンダルを大々的に報道しました。

参議院では野党が逆転しましたが、衆議院では相変わらず与党が多数を占めています。これを「ねじれ国会」と呼んでいます。アメリカでは与野党のねじれ状態がよく起こることですが、日本では前例のないことでした。しかしのちの二〇〇九年衆議院選挙で民主党が勝利を得て与党になったので「ねじれ」はいったん解消されました。

『センス・オブ・ワンダー』

子どもたちへの一番大切な贈りもの、それは美しいもの、未知なるもの、神秘的なものに目が届く感性「センス・オブ・ワンダー」を育むことだと思います。

『センス・オブ・ワンダー』は、環境問題を真正面から捉えた嚆矢《こうし》的な本『沈黙の春』のレイチェル・カーソン女史が出した本のタイトルです。

二〇〇九年三月一九日に議員会館で「自然体験活動推進議員連盟」の勉強会が行われました。その日の講師は、この本を日本語に訳した上遠《かみとお》恵子《けいこ》さんでした。彼女はエッセイストであり、レイチェル・カーソン日本協会理事長です。

「あなたの子どもに（自然に対する）驚異の目をみはらせよう」と題して雑誌に連載した原稿をもとにカーソン女史は本書をまとめ、結果的に彼女の遺作となりました。『沈黙の春』で農薬の恐ろしさと自然破壊を警鐘し、『センス・オブ・ワンダー』で地球の自然がいかに美しく大切な宝物であるかということを訴えました。自然に触れることによって、子どもたちが健全な人間として生きるための感性を育むことができるのです。

次のような文章があります。

「子どもたちの世界は、いつも生き生きとして新鮮で美しく、驚きと感激にみちあふれています。残念なことに、わたしたちの多くは大人になるまえに澄みきった洞察力や、美しいもの、畏敬すべきものへの直観力をにぶらせ、あるときはまったく失ってしまいます」

上遠さんの講演後、私は「日本の都会の子どもたちに自然とのふれあいの機会を用意することができるでしょうか」というような質問すると、「自然体験ができるプログラムはたくさんありますが、すべての子どもが参加できるわけではありません。国のほうでも自然体験をすべての小学校で実施するプロジェクトがあるのですが、計画が進むかどうかはまだ分かりません。

ですから親と一緒に自然を楽しむことがもっとも大切な手段です」と答えられた。

上遠さんが述べられたことで印象に残った言葉がありました。

「最近、街や電車の中で人々を見ると、恐ろしいほど厳しい顔をしている人があまりにも多い。自然から離れてしまった非人間的な生き方になったせいだと思う」

自然を見る目がなくなっているのは、何も子どもに限ったことではないのかもしれません。二期目になっても私は一期目と同様、有機農業の推進や農政全般の諸問題、地球温暖化やエネルギー問題などの環境問題と、「共育」という考え方を訴えていたこともあって、上遠さんの講演内容には共感するところが大でした。

有機農業も持続可能社会も自然エネルギーの推進も、あるいは遺伝子組み換え穀物の禁止や環境ホルモンについても、私の中では繋がっています。民主党のシャドウキャビネット（Next Cabinet）で環境副大臣であったことや、信奉するルオム（LUOMU、自然に従う生き方を示すフィンランド語）と日本の伝統的食習慣マクロビオテック（玄米菜食）ゆえです。

ルオムについては既に本を三冊出したのでここでは詳細を語りませんが（ex.『自然に従う生き方と農法　ルオム』二〇〇九年戎光祥出版刊）、有機肥料を用いた自然農法による野菜、化学肥料を使わない農法、植物や森林を大切にする感性、自然の中に身を置いて自然のリズムで暮らす、心を開いて自然や人と語らう、などといった考えを統合するフィンランド文化だと私は日本で紹介してきました。

マクロビオテックは桜沢如一氏（一八九三〜一九六六年）によって提唱された日本の伝統的な食習慣を基にした食のあり方です。

一．身土不二《しんどふじ》（自分たちの住む地域や国内産で、季節に合わせた旬の素材を用いる）

二．一物全体《いちぶつぜんたい》（食物の総合的な栄養を考え、野菜は皮をむかずに葉も茎もひげ根も全体を調理する。穀物も精白せず丸ごと調理する）

三．陰陽調和《いんようちょうわ》（食物の陰陽バランスを考え、季節や体調に合わせて選択・調理する。精製糖や動物性食品は原則的に用いない）

ルオムとマクロビオテックには驚くほど共通点があります。レイチェル・カーソン女史の警告も含めて、言葉こそ違えど、オーガニックの重要性と過剰消費の弊害を説いています。ルオムの概念は農法やエコロジーだけではありません。自然の摂理、いや突き詰めて言えば、宇宙の法則に従うライフスタイルというフィンランド哲学なのです。決して自然に逆らってはならない……。

勉強会から二年後、世界中を震撼させた原発事故が起きます。

北方領土に行く

「沖縄及び北方問題に関する特別委員会」の委員の立場で、二〇〇九年七月六日から三泊四日の日程で国後島と択捉島の「ビザなし交流訪問団」に参加しました。北方領土は依然としてロシアが日本への返還を拒み続けています。但しロシアは、戦前に北方領土に住んでいた元島民や彼らの子孫にはビザなしの訪問を一部、認めています。

訪問団は船で移動しその船内で宿泊します。訪問団は毎回衆・参議院から一名ずつの国会議員が参加しています。

今回の訪問団は六五名で、元島民、マスコミ関係者、政府関係者、通訳者などで構成されました。しかし、根室港から出港する時点でトラブルが起きました。択捉島の行政府から「択捉島への訪問を受け入れないので予定を中止するように」との連絡が入ったのです。ロシア側の受け入れ体制の変化にはもちろん政治的な理由がありました。日本の国会で数日前に成立した「北方領土問題等の解決促進のための特別措置に関する法律の一部を改正する法律」に「北方領土は我が国固有の領土である」の文言が加えられたことに対してロシアが反発したのです。言うまでもなく、日本は一九六〇年代から北方領土が日本の領土であることを主張してきましたが、それが法律の中に明記されたことは初めてでした。それでも最終的に訪問が果たされることを期待しながら訪問団の船は航行を続けました。外務省はロシア側に訪問を認めるようにと交渉を続け、国後島の手前でようやく上陸の許可が下りました。

訪問はそれぞれの島で一日ずつ行われ、両島でイベントが開催されました。国後島の交流のハイライトは、訪問団主催のファッションショーでした。元島民二世であるデザイナーの加藤徹さんが、東京から女性のモダンな服を持参し、ロシア人の若い女性にモデルを依頼、わずか二時間の練習で彼女らにモデルの歩き方などを教え、素晴らしいショーを披露することができました。多くの島民が集まり、現地の女性たちがプロ並みに振る舞うモデル姿に驚きました。毎回さまざまなイベントが行われますが、ファッションショーは初めての試みだったそうです。

択捉島でのハイライトは、ホームビジットでした。メンバーが一三のグループに分かれてそれぞれに家庭を訪問しました。食事をご馳走になりながら三時間ほど一般家庭で過ごしました。訪問宅のご主人に次のような質問をしてみました。「もし日本人がこの島に住むようになれば、仲良く共生できると思いますか?」

ご主人は「できると思います。日本人と一緒にこの島で住むことは互いに良いことです。仕事の機会も増えると期待しています」と答えました。すべてのロシア島民が同じ考えでないとしても、共生は決して不可能ではないと感じました。しかしロシア政府の見解は異なっています。今の日ロ関係では日本に返還されることはきわめて難しいと私は考えています。北海道に近い色丹島と歯舞諸島の返還にはロシアも多少前向きですが、日本の基本方針は四島全島の一括返還です。この領土問題によってロシアとの平和条約はまだ締結していません。

北方領土訪問の時期に偶然、フィンランドから一つの依頼が届きました。第二次世界大戦でフィンランドがロシアから奪われた「カレリア地方」の返還を要求する市民団体がこの問題に対する私のコメントを求めたのです。「私は日本の国会議員の立場で、フィンランドとロシアの領土問題に関与することはできない」と答えました。フィンランドの政府も、もはや返還要求することを諦めているように、私の目には映っています。

災害対策特別委員会委員長として東日本大震災に取り組む

北方四島訪問から帰国して一〇日後、小田原市で開催された全国報徳大会に参加しました。「報徳」思想は今から二〇〇年前に二宮尊徳が説いた教えで、分度（自分の置かれた状況をわきまえる）、勤労（慎み深く日常を営む）至誠（嘘偽りのない心構え）、推譲（分度によって生じた力やお金を将来に役立てる）といった精神を基に、人と人の対立や人と自然との対立、国と国の対立をなくすことを目指した考え方です。民主党の元鳩山由紀夫党首の掲げる「友愛」精神に通じる、と私は思っています。

報徳大会の翌日、衆議院は解散し、翌月の八月三〇日に総選挙が行われて民主党は三〇八議席と圧勝。自民党は一一九議席で結党以来初めて衆院第一党の地位を失いました。二〇〇九年、アメリカ合衆国ではオバマ政権が誕生し、日本では政権が民主党にチェンジしたのです。

選挙前からこのたびの政権交代はある程度予想されていました。フィンランドのマスコミから「民主党が政権の座に付いたらツルネンは閣僚になれそうですか？」と電話がありました。

私は以前から、良識の府であるべき参議院から議員は内閣に入るべきではない、という持論がありました。参議院は大局的な見地に立って政府の方針案や法案の問題点を見抜くのが本来の役割なのです。そのような自分の考えを述べた上で言いました。

「私が大臣になる可能性はありません。なぜなら、私より優れた政治経験豊かな国会議員が民主党にはたくさんいます。副大臣や政務官などに選ばれる可能性も低いでしょう」

民主党政権となってまもなく、国家予算の無駄遣いを検証するといういわゆる「事業仕分け」が国民の注目を集める中、大々的に行われました。そして、皮肉にも私が熱意を持って手がけてきた有機農業促進法の支援事業モデル（全国に五九カ所）の予算三億円が廃止、と判定されてしまいました。党が掲げたマニフェストには「有機農業を積極的に推進します」と謳っていました。さらに農林水産副大臣の山田正彦氏は有機農業推進議員連盟の役員だったにもかかわらずです。その後、改めて検討された結果、廃止は免れました。

さて、参議院には二〇以上の委員会があり、国会第一党第二党の二期目以上の議員が委員長に指名される習わしです。委員長の任期は原則として一年間。私は二〇一〇年の一〇月に「災害対策特別委員会」の委員長に指名されました。将来の災害に備えて被害を最小限にする、という政策を議論する委員会です。まさかその任期中の二〇一一年三月一一日に、未曾有の大震災に見舞われるとは思いも寄りませんでした。

その日は金曜日、午前中の環境委員会を終えたあと、鎌倉の自宅に戻りました。帰宅したのは午後二時頃だったでしょうか。

不意に強い揺れがありました。幸い家の内外で大きな被害はありませんでしたが、テレビのニュースを見ていると想像を絶する規模の地震であることが分かります。すぐに秘書の山本さんに電話をしましたが、NTT、携帯電話ともに通じませんでした。三〇分ほどして公衆電話なら通じると知って、家の近くの「ローソン」へ行って電話を掛けると、山本さんと連絡がつきました。既に交通機関が止まっていたため、この夜彼女は事務所に泊まり込むことになります。娘の愛理には二時間ほど経ってようやく携帯で話すことができました。彼女は川崎市で仕事をしていたため会社に近い友人宅にその夜は泊まることになりました。多比雄は東京にいたのですが、会社に仮泊すると聞いて、家族全員無事であることに安堵しました。

翌々日の三月一三日、私たち夫婦は四谷の参議院議員宿舎に戻りました。部屋は高層階の九階にあったので揺れは激しかったようで、食器やさまざまな備品が床に散乱している状態でした。

のちのちに被害が明らかになっていきますが、マグニチュード九の地震と津波は東日本の五〇〇キロに及ぶ沿岸地域を破壊しました。死者と行方不明者は二万人に達し、四〇万の方々が家を失い、避難所や仮設住宅に移り住むことになりました。沿岸にあった工場、日本の農業を支えてきた田と畑、数十万台に及ぶ自動車、港や道路、鉄道などのインフラを破壊しました。

帰京前日に福島第一原発の一号機建屋が爆発、翌日には三号機の建屋が爆発し、地震による家屋の直接的な損傷や想定外の津波による人的被害以上に、深刻さは増していきました。一早くアメリカ政府関係者は東京から避難し、フィンランド大使館も広島に一時移動しました。東京は人が住めなくなる、という噂が、政府が打ち消せば打ち消すほど増していくような状況がしばらくの間続いていきます。

地震発生の翌日から、フィンランドの企業や団体から救済活動に参加したいという申し出を数多く受けました。除染作業や復旧活動に参加したいという提案や、支援金を送りたいというような内容です。他の国からも同様の申し出が数多くありました。しかし、委員長の立場にあったがゆえに引き受けや断る権限を持たなかった私は、その対応に大変苦慮しました。それでもいくつかの申し出を環境省に仲介しましたが、環境省はあまりにも多くの救援品の提供を受けてその扱いに困っているようでした。

災害対策特別委員会は被災地支援の取りまとめを行う災害「対応」特別委員会となりました。

被害の現況を調査するため、四月二五日に委員会として宮城県へ視察に行きました。私が委員長を務めている本委員会は、ほぼ毎週開会しています。そこでは毎回、各会派の委員たちが政府機関の資料とマスコミ報道などをもとに厳しい指摘や要望を行ってきましたが、被災地への委員派遣は今回が初めてでした。

二五日午前七時発の飛行機で羽田から仮復旧したばかりの仙台空港へ降り立ちました。仙台空港ビルの一階は完全に津波で破壊され、いまだ一部だけが利用できるような状態でした。幸いなことに地震発生から津波の第一波到達までに約一時間の余裕があったので、空港にいた約七〇〇人の客や職員、近隣から集まった八〇〇人ほどの住民は空港ビルの三階に避難し、一人の犠牲者も出ませんでした。しかし、その一五〇〇人が空港の三階から救出されたのは三日後であることを知りました。その間、避難者たちは空港内に閉じ込められた状態で、水や食べ物はほとんどなかったと言います。

次の視察先は、名取市でした。まず市役所を訪ねて市長から被害状況の説明を受け、要望書が手渡されました。その後バスで移動、道路の両側に延々と続く瓦礫の山の大きさにただただ私は圧倒されました。最も被害が甚大だった閖上《ゆりあげ》地区でバスを降り、広い住宅街を歩いてみましたが、そこにあったのは莫大な瓦礫だけでした。

その後県庁で行われた会議で私の挨拶の後、村井嘉浩県知事から被害状況について説明を受け、ここでもまた政府への要望書を渡されました。本委員会の委員たちはおそらく次の委員会において、この要望書をもとに政府の対応を糾すことになるでしょう。

二〇一一年四月二五日付けの宮城県の被害状況について、数値を書き残しておきます。

人的被害：死者八四九二人、行方不明者六八五六人、重症六九人、軽傷三三七七人

住宅被害：全壊四万六七三四棟、半壊九七八六棟、一部破損一万〇八四九棟
避難の状況：避難所数四二一施設、避難者数四万一〇三六人
（二〇一七年三月現在、消防庁対策本部の集計では、宮城県に於ける死者は一万〇五五六人、行方不明者一二三四人。被災全県を合わせると死者一万九五三三人、行方不明者二五八五人）

一カ月半前のピーク時より避難者数はかなり減少しているとの説明を受けましたが、宮城県だけで四万人を超える住民が避難所で寝泊まりしている状況にあり、対策が後手に回っていることは否めませんでした。

のちに、本委員会で補正予算関連法案として「東日本大震災に対処するための特別の財政援助及び助成に関する法律案」の審議と採決を五月二日に行いました。

原発は必要なのか、必要悪なのか

日本に住んでいながら震災後しばらくの間、私は英字新聞を熱心に読んでいました。ある著名な外国人記者の記事が載っていました。彼は地震が起きた時間、千代田区にいたそうです。すぐに車で大田区池上の自宅に帰ろうとしましたが、途中で交通がマヒ状態になったので歩くことにしました。そのとき同じく帰宅を急ぐ大勢の日本人が、文句一つも言わずに黙々

と歩いている姿に感銘を受けた、と書いていました。

なぜ、日本人はこれほど冷静に未曾有の災害を受け止めることができるのだろうか。欧米人に比べ、地震や台風などの自然災害に慣れていることがもちろんあるでしょう。運命に従うという仏教の教えの影響もあるでしょう。普段から自然を敬う姿勢が自然災害を冷静に受け止める心構えを育てているのかもしれません。日本人にとって自然との共生は、いかなる宗教よりも強い絆なのでしょう。また東洋の思想に見られる人間と自然との繋がりは、西洋のそれとは大きく異なっています。西洋では人間が自然をコントロールしようとしますが、東洋では人間は自然の一部である、と心の奥深くで考えられています。

自然を支配しようとすれば、自然が人間に罰を与えることになる、と多くの日本人が考えています。この概念は日本のみならずアジアでも共通して認識されています。自然は母親のように人間に愛情を与えますが、ときには厳しい父親のように鞭を振るうこともある、と。厳しい父と優しい母に育まれて日本は素晴らしい文明を生み出してきたのです。

三月一一日の大震災は自然災害であるとともに、人類の負の叡智が招いた人的災害でした。国民の関心は地震と津波被害の報道よりもむしろ、原発事故とその後の原子炉の状況、および放射能物質の拡散状況に重きが置かれるようになりました。人間が造った原発が人類や文明を滅ぼしかねないことは、日本人のみならず世界中で再認識させられました。

原発事故の被害状況に苦慮する菅直人首相は五月一〇日の記者会見で、二〇三〇年までに総電力に占める原子力発電の割合を五〇パーセント以上とする政府のエネルギー基本計画について、「いったん白紙に戻して議論する」と述べて波紋を呼びました。原発への依存を減らし、さらに「再生可能なエネルギーと、省エネ社会実現にこれまで以上に大きな力を注ぎ、エネルギー政策全体を見直したい」との見解を示しました。

原発依存に対する危惧は国民の間で以前からあったのですが、その声はこれまでほとんど無視されてきたと言っても過言ではありません。私も国会議員になる前から新たな原発を日本に建設すべきでないと主張してきたのですが、民主党でさえ原発推進派の声は強く、原発政策を見直す動きはほとんど起きないままこのたびの事故が起きたのです。日本では大地震と大津波の恐れが常にあるので、原発は絶対安全とは言えない。今回の東日本大震災によって原発の安全神話は崩れました。しかし、その代償はあまりにも大きかったのです。

日本のエネルギー政策が原発事故によって見直されたことは、海外でも大きく報道されました。フィンランドの主要新聞でもトップページで大きく紹介され、当地の友人から「ツルネンさんは大変喜んでいることでしょう」とメールが届きました。フィンランドでも福島第一原発の事故の影響を受けて、原発の安全性を疑う声が増大しています。しかし、原発推進派の意見は相変わらず強い。日本と違って地震や津波のないフィンランドでは、大きな事故の可能性が低いと考えられているからでしょう。

津波が破壊した地域の復旧は著しく進みました。多くの港、道路や鉄道が再び使えるようになってきました。しかし原発事故の処理は遅々として進まず、さらに反「反原発」を声高に唱える国民が増えて、再生可能エネルギーへの転換と省エネ社会という理想は徐々に弱まっていきました。海水汚染や地下水の汚染報道も半年が過ぎた頃からめっきりと減りました。

放射能汚染は実際にどの程度海に広がっているかを見極めるのがきわめて困難です。私は可能な限り遠海で獲れた魚を食べるようになりました。地下水の汚染も福島第一原発周辺では大きな脅威のままです。事故直後とセシウムの量が変わらないどころか上昇している地域もありました（二〇一三年六月から八月に東電が福島原発近辺の地下水からの汚染状況を発表しました。それによると地下水からセシウムが一リットル当たり二五万ベクレル検出され、事故直後の七倍に上昇して過去最高となりました）。

原発反対の民間団体や学者は、地下水の汚染は改善していないと主張し、原発賛成派はその逆というより無関心に近い状態が現在も続いています。

原発は断固反対！

地震学者の予想によれば、東京以南の本州沿岸では三〇年以内に巨大地震が七五パーセントの確率で起こり得るそうです。予想が当たれば日本はその大震災から立ち直ることができないでしょう。なぜならば、日本の産業、経済、市街地は学者が指摘する三五〇キロに及ぶ沿岸地域に集中しているからです。もし大地震が関東で発生して三〇メートルに達する津波が押し寄せたなら、日本経済は半減します。

津波の被害を抑えるために、沿岸のエリアと海の間に「津波堤防」の建設が進められています。しかし日本の太平洋沿岸の長さは三〇〇〇キロに及ぶため、全国津々浦々に堤防を設置することは不可能です。もう一つの津波対策は街を高台に移すことですが、ほとんどの住民は住みなれた街から離れることに抵抗があるでしょう。

福島第一原発事故で分かったように津波が原発を破壊する可能性をゼロにすることは事実上不可能です。日本には現在一七カ所に計四三基の原発があり（二〇一七年現在）、稼働している原子炉は四基だけですが、事故のリスクが四三分の四に減っているわけではありません。稼働していない原発にも多くの使用済核燃料棒が保管されているからです。

前項で触れましたが、二〇一一年五月、菅総理はエネルギー政策の転換を発表し「日本では新しい原発を造らず、既存原発の寿命が来たら廃炉にする」と宣言しました。しかし、半年も経たないうちに、政府は他国での原発建設を支援する方針を示しました。参議院本会議では一二月九日、ロシア、韓国、ベトナム、ヨルダンとの原子力協定が承認され、この四カ国への原発輸出が可能となりました。民主党と自民党双方が賛成に回って承認されたのですが、私はこの案に賛成できなかったので、採決を棄権しました。民主党では、原則的に法案や条約には党議拘束がかかっていて、この原発輸出も例外ではありませんでした。反対ボタンを押せば党議拘束違反となり、最悪の場合は離党勧告もあり得ます。私に離党の意志はなかったので、採決を棄権することで反対の意志を表明することにしました。ちなみに、参院では議場退席という意志表示がないために、賛成反対のボタンを押さなかった、ということです。民主党では私の他に一一名の議員がボタンを押しませんでした。

それに先立って、一二月二日の民主党・新緑風会の議員総会でも、原子力協定には到底賛成できないと発言していました。採決の際に党議拘束を外すことを提案したのですが、執行部はそれを認めませんでした。というのも民主党は与党であり、党の外交部門会議を経て政府の方針に従うことになっており、衆議院ですでに可決された案件であったからです。しかし、議員総会のあと「ツルネンさん、よく言ってくれた。私も同感だ」と言ってくれた同僚議員が複数名いました。

党執行部は同日、棄権した私を含む議員全員を呼んで厳重注意をし、党と国会の役職から自発的辞任をするように求めました。しかし私は信念に従った決断なので自発的な辞任はしないと答えました。結果、党の役職はそのまま続けることとなり厳重注意だけで終わりました。私はマスコミのインタビューに「日本で原発を造らないのに、他国が造るのを手伝うというのは矛盾している」と強調しました。

しかし翌年の一二月、政権与党に復帰した自民党は、福島の原発事故後に原発の安全性を世界最高水準に高めたので、大地震にも耐えられると主張し始めました。いったいなぜ、多くの国民がこのような主張を信じて自民党支持に戻ってしまったのか、私は受け入れがたい思いでした。自民党は戦後二度の短い時期を除いて半世紀も与党の立場にいたので、原発を造った大企業や関連会社と癒着関係にあるのは事実です。自民党の「電力族」は一〇〇名を数え、結党以来、電力会社や関連する大手企業から政治献金を受けてきたことはよく知られています。自民党は自党利益のためにも原発推進を止めることはできないのでしょう。

反原発の市民団体などは原発事故以来、毎週のように国会や総理官邸前でデモを行ってきましたが、政府のエネルギー政策に影響をもたらすまでには至っていません。野党の中にも原発に反対する党がいくつかありますが、議席数が少ない上に各党の連携が悪くて抵抗勢力になり得ていません。日本が原子力発電を諦めるのは放射能汚染で日本に人が住めなくなったときかもしれない、と自嘲したくなりましたが、自分の使命を思い返して怒りを抑えました。

第Ⅴ章

終の棲家

鎌倉市の郊外にある自宅「ルオムの家」の玄関先にて。
毎日１時間から２時間、冥想のような散歩に出る。

二〇一三年、最後の選挙

二期目に当選したとき、国会議員としての任期を今回の六年で最後にすると決めました。在任期間が終了したときの私は七三歳になるので、政界から身を退いてもっと若い人に議席を譲ろうと考えました。

任期が残り一年を迎えた頃、支持者たちから「三期目もやるでしょう？」とよく尋ねられました。「やってみたい気持ちはもちろんありますが、私の年齢では民主党も公認してくれないでしょう」と答えていました。いずれにしても残り一年の任期を有効に使って、自分の考えと民主党の政策で賛同できることをもっと国民に伝えていきたい、"Be positive"という姿勢を最後まで貫く所存でした。

「ツルネンが最近テレビなどのマスコミに出なくなったのはどうして？」と疑問を持っている人がいる、ということを耳にしました。私は党の国際局副局長として頻繁に世界各国との交流を図っているし、有機農業の推進にも積極的に関わっているのですが、マスコミ報道はほとんどありません。国会活動に集中したかったことと講演活動が多かったためなのですが、このような状況は好ましくないと考え、駅頭活動を再開しようと決心しました。

支持者を中心に私への提案や意見を求め、それを参考に新たなチラシを作りました。表面には政策モットーとして「自然を尊び自然に学ぶ。謙虚な心を取り戻そう」と大きく謳い、太陽光・風力・地熱などの再生可能エネルギーの推進、有機農業と食の循環、参加型教育（共育）などの持論を載せました。裏面では「日本から原発ゼロ社会を実現しましょう」ということを中心に訴えました。

二〇一二年の九月三日から駅頭活動を神奈川県内を中心に再スタートし、一〇月五日までの一カ月間で二〇回目を迎えました。

「ツルネンさん、お久しぶりですね」「元気そうで何よりです」という励ましの声を掛けてくださるかたがいる一方、次のような声を多く耳にしました。

「民主党はもうダメです。なぜ民主党を離党しないのですか?」「民主党はダメですが、ツルネンさんは応援します」

駅頭に立つと、二時間のキャンペーンで一〇〇〜三〇〇人のかたがチラシを受け取ってくれます。「原発のない世界を」という立て看板を置いているのですが、私が外国生まれの見た目だからなのか、ヤジを飛ばす人はめったにいませんでした。

民主党の衆議院議員の一人に首藤信彦氏という私の友人がいます。彼とはこれまで一緒に戦ってきた経緯があって、たとえば反原発キャンペーン、有機農業の推進、環境保全対策などで歩調を合わせてきました。以前に私の選挙対策本部長も務め、私も彼の選挙を応援しました。

彼が私たち夫婦を東京のあるレストランへ夕食に招待してくれました。食事の間中、彼は私に次の選挙に出るようにと強く説得しました。まだ道は半ばでしょう、と私に問いかけました。あげくの果てに幸子までもが彼の提案の賛成に回りました。彼女は以前にも次の選挙に出馬するよう勧めたことがありましたが、私は本気で受け止めてはいませんでした。ところが、食事が終わる頃、私は「分かりました。やってみましょう」と言っていたのです。

翌朝、まず私の三人の秘書にこの決断を報告し、一一日後にはツルの会役員にも話しました。突然の出馬宣言にみんなは驚きましたが、一緒に戦うことを約束してくれました。幸いなことに、党の公認内定も受けられました。公認誓約書にサインをすれば、新たな戦いが始まります。二〇一三年七月の参院選まで残り一〇カ月でした。国会活動を続けながら、早朝の駅頭キャンペーンや週末には支持者との会合などで全国各地へ挨拶回りをすることになります。

出馬宣言をしてわずか二カ月後、野田佳彦党首が衆議院を解散、総選挙を行うこととなり、民主党は公示前二三一議席から五七議席に減らす大惨敗となりました。自民党は一一八議席から単独過半数をゆうに超える二九四議席となって、与党に返り咲きました。民主党が大敗した最も大きな要因は、三年前のマニフェストで約束したことの大半が実現できていないか中途だったことによる国民の期待外れでしょう。それを認めた上でマスコミのネガティブ・キャンペーンという逆風があったからだと分析しています。私は選挙期間中、民主党候補者の応援に回りましたが、少なくとも自民党に追い風が吹いている、とは感じませんでした。

自公が衆議院の三分の二を超える議席を獲得したことは、参議院のブレーキ役を弱めることを意味します。参議院に送られてくる法案を野党多数で否決したとしても、その法案は再び衆議院に送り返され、与党の三分の二の賛成多数で再可決されます。こうなると、いまだ参議院で野党が過半数を占める「ねじれ国会」の意味も薄れてしまいました。

年が明けて二月一日、参院本会議で野党議員として安倍総理に代表質問を行いました。八項目の質問をしたのですが、第一番目第二番目の質疑応答は以下のようなやり取りでした。

ツルネンマルテイ「自民党は昨年春にまとめた憲法改正草案で、自衛隊を国防軍とするとしている。日本の防衛は、自衛隊のままでも十分果たせると思うが、なぜ国防軍に変える必要があるのか。国民に分かりやすく説明して欲しい」

安倍総理大臣「自衛隊は国内では軍隊と呼ばれていないが、国際法上は軍隊として扱われている。この矛盾を、実態に合わせて解消することが必要」

ツルネンマルテイ「世界からすべての原発が無くなることが私の夢。安倍総理は、『原発ゼロ社会』は少なくとも近い将来実現不可能な夢であると考えているようだが、もっと遠い将来の夢として可能かどうかについて、率直な見解をうかがいたい」

安倍総理大臣「原子力を含むエネルギー政策は、安定供給やコスト低減の観点も含め責任あるエネルギー政策を構築していく。根拠のない夢は語れない」（二月五日のメルマガより抜粋）

民主党の支持率はジリ貧状態になっていきましたが、七三歳を迎えた私は体力の限り街頭に立つようにしました。二〇一二年九月から再スタートした駅頭キャンペーンは翌年五月までの八カ月間で一五〇駅を超えるまでになりました。月平均二〇回のペースです。駅前で挨拶することも生の声を聞くことができるのも貴重な体験です。多くの方々と直接対話をする機会もありました。

「脱原発は現実的ではない。火力発電は電力コストが高い」

「有機農業は家庭菜園や小規模農家でしかできない」

「ツルネンが落ち目の民主党に留まっている意味がわからない」

批判的な意見や質問を受けるたび、私はできるだけ自分の考えを丁寧に述べました。

人事を尽くして天命を待つ、という言葉が日本にはあります。最善を尽くすのみです。

運動期間の一〇カ月の間、私は自分が当選できると確信していました。前回の選挙では全国比例の民主党候補当選者の中で、第六位で当選したことが根拠でした。仮に得票数が半分に減ったとしても当選はぎりぎり可能だとも見積りました。しかしその確信は選挙の四カ月くらい前から日々、揺らぎ始めました。民主党の支持率が急速に下がり始めて「大暴落」状態になってきたのです。支持暴落の主たる原因は党内での争いでした。他方、自民党の支持率は安倍総理の人気で上昇しました。しかし民主党の当選者が前回の半分に減ったとしても、私は当選する確率が高いのです。

結果、民主党の比例代表は七名の当選に留まりました。二〇一〇年の参院選では一六名だったので半分以下です。私の個人名に投票いただけた数は八万二八五八票で一二番目でした。民主党比例代表候補者の三分の一しか当選できませんでした。そしてその中に私は含まれませんでした。しかし落選したにもかかわらず私は選挙に出てよかった、と思いました。一〇カ月間にわたって数多くの有権者や支持者と出会ってこれまでの活動報告をすることができ、同志たちで作ってきた政策を訴えられたからです。

この原稿を書いている現在も、二〇一三年の選挙に参加したことは私の使命の一つであったのだと信じています。しかし心の中には時々別の声も聞こえるのです。それは、私が野望に燃えていたのだという自分を責める声です。当選すれば次の六年間も余裕のある収入を得ることができて、子どもたちの家族を経済的にサポートすることだってできるなどと、漠然とした安心感を求めていたのではないか。三期目挑戦の主な動機は決して経済的理由ではなかった、といくら自分に言い聞かせても、完全に否定することはできないのです。国会議員は大きな責任とともに自惚れに近い自尊心を満足させることもできます。

議員の職を解かれると同時に私を取り巻く状況は一変し、元国会議員ももはや多くの国民の中の一市民に過ぎなくなります。

鎌倉の「ルオムの家」

家族と自分の将来を考えると湯河原よりもう少し東京に近いところに住む方がよいだろうと、参院二期目に入った頃から考えるようになりました。子どもたちの職場は東京だったので通勤には湯河原から電車で二時間かかっていました。しかし我々にとって東京は住むにはあまりにも混雑していて土地の値段も高過ぎます。静かな自然の中で住める環境を探しているとき、友人たちにもアドバイスを求めました。一人の友人が真顔で鎌倉を勧めてくれました。「鎌倉は青い目の侍のあなたにとって最適な地でしょう」

「青い目の侍」は選挙などで私に付けられたニックネームです。「青い目」は日本で西洋人を一般的に表す形容であり、私の生き方や姿勢に侍のそれと似た部分があると言われていました。侍の権威は鎌倉時代（一一九二～一三三三年）がもっとも強かったので、この友人の提案には裏付けがあると感じました。

鎌倉に住むのは自然な流れで、神のお導きによるものだと考えました。妻もこの提案に興味を示し、二人の子どもも反対しませんでした。すぐに、不動産業者に鎌倉で適切な土地を探してくれるよう依頼しました。その条件とは観光地域から離れた静かな環境、車なしでも生活ができる、つまり駅やバス停、商店や公共サービス施設まで歩いて行けるエリア。たとえ小さくても家庭菜園が欲しいので敷地面積は少なくとも一〇〇坪。さらに、近くにウォーキングできる公園や森があることなどでした。

鎌倉市は神奈川県の中央部、東京から五〇キロ南西に位置します。人口はおよそ一八万人、面積は四〇平方キロ。三方から山に抱かれ、南は相模湾に面した静かで温暖な都市です。市街には寺が一七〇と神社が四〇もあります。源頼朝が一一八五年、鎌倉に幕府を開いて日本で最初の武家政権となり、一一九二年に頼朝が征夷大将軍に任官されて以降一四〇年間、日本の中心地として栄えました。その後全国各地で激しい権力抗争が二〇〇年以上も続きます。ようやく豊臣秀吉が全国の諸大名を自分の配下に置いて天下統一を果たし、豊臣の死後に徳川家康が江戸に幕府を樹立して現在の首都東京があります。

鎌倉市の地価は湯河原よりもかなり高かったのですが、湯河原の土地を売却することで土地購入費は半額になると計算しました。二家族用のフィンランド風ログハウス、というプランを練りました。多比雄の家族が二階で入口も別々に。愛理は独身でいる間、我々夫婦が住む一階の一部屋を当てることにしました。（その後愛理は二〇一四年五月に結婚し、夫と共に藤沢市の賃貸マンションに住んでいます）

我々の条件に合った土地は意外と簡単に見つかりました。一一〇坪を五〇〇〇万円で購入することができました。都心では住宅地の値段が非常に高いので敷地面積は限りなく狭く、電車で一時間の鎌倉市でも取り引きされている平均的な土地面積は五〇坪前後です。

私たちはフィンランドのホンカ（Honka）建築社によるログハウスを購入しました。建築材のすべてはフィンランドからの輸入です。二〇〇九年の春に家は建ち上がり、私は「ルオムの家」と名付けました。観光地から少し離れた静かな住宅地にあって、近くには望み通りのウォーキングコースがいくつもあり、江の島に至る川沿いの道が三キロほど続いています。

鎌倉に住み始めて、武士道の精神や仏教により深く関心を持つようになりました。世界中に知られている黒澤明監督の映画『七人の侍』は、一六世紀の貧しい農村を舞台に、野盗と化した野武士に立ち向かうべく農民に雇われた侍たちの戦いを描いた三時間二七分の大作です。侍の忠誠、勇敢、廉恥《れんち》などの精神が美化することなく描かれています。印象的なシーンはいくつもあります。「命を失うかもしれない」とリーダー役の侍が告げると誘われた侍はただ微笑むだけでした。「人を助けることによって自分も救われる。自分の利益ばかりを求めると滅びるのは自分自身だ」というセリフや、エンディングの「負け戦だった。勝ったのは、あの百姓たちだ」とリーダーの侍がつぶやくシーンに、日本文化の源を見た思いでした。ルーツや内容は違いますが、侍精神はキリスト教と同じ美徳を教えています。正義、勇敢、思いやり、良い素行、誠実、名誉、忠実、自制心など、多岐に亘る道徳が含まれています。

武士道の拠り所の一つは仏教です。仏教は運命に対する信頼、人智が及ばぬ自然への静かな服従、死に対する親近感などを侍精神に与えました。

明治維新後、軍国主義色が強まるとともに侍精神は変容し、第二次世界大戦を迎えることとなります。戦時中、士気を高めるために「国を守るために団結しよう」「国に忠誠を！」「挫けない忍耐力で勝利を！」などのスローガンに結びつきました。それによって国民の戦う意志は保たれましたが、もはやもともとの侍精神ではなくなりました。そして軍国主義を強化するために儒教の教えが容赦なく利用され、侍精神は侵略戦争の礎へと化していったのです。

侍精神は姿形を変えて今もなお、生き続けています。戦後の復旧時では日本人団結のエネルギー源でもありました。相撲の土俵上でも侍精神を垣間見ることができます。相撲では沈着さや自制心、相手を尊敬することが大切な心構えなのです。勝っても威張ってはならないし、負けたときにも相手に対する礼儀を欠かしてはいけません。

日本は世界で類を見ないアニメ大国で、今もサムライスピリッツが基本理念のコミックもありますが、最近ではファンタジックな作品が好まれるようになりました。ロマンチックなアニメーション童話が年齢、性別に関係なく、子どもから大人まで広く支持を集めているのは興味深いことです。日常の悩みや苦労から解放されてしばしの間、夢と童話の世界に浸りたいという欲求の表れなのかもしれません。文学でも同様の傾向が見られます。非人間的な社会になりつつある時代相によるものかもしれません。宗教への関心が低下していることも一つの原因かもしれません。日本人の精神的な支えとなっていた侍精神が弱まり、それに代わる心の礎が見つからない精神的空白から、非現実的なファンタジーの世界へ逃避するようになったのかもしれません。

鎌倉での隠遁生活

深い山奥の静かな生活、たとえば辺鄙《へんぴ》な寺の裏庭にある一室でひっそりと暮らす伝統的な隠遁生活に、私は以前から大きな魅力を感じていました。前にも書きましたが四回目の落選の後は一時的に、山小屋に引っ込んで暮らしたいという気持ちにもなりました。昔、戦いに敗れた侍のリーダーたちは腹切りをするか、あるいは深山の小屋に隠れてそこで瞑想に耽りながら質素な暮らしの中で死を迎えていました。しかし現在の私の隠居生活は、この伝統的な隠遁と異なります。山里暮らしではありませんし、妻とふたりの生活をするのです。独りで暮らすことに私は魅力を感じません。

二〇一三年の落選後、政界や他の公の活動から離れ、歴史的な古都・鎌倉に建てた「ルオムの家」で暮らすことになりました。しかし、私にとって隠居生活は怠惰な生活を意味するものではありません。人生の残り時間を故国フィンランドと日本の文化交流のために、主に文筆活動を通して続けていきたいと思いました。

このような活動ができるのも、生計のために望まない仕事をする必要がないという恵まれた状況であることに感謝しています。我々には国民年金がありますが、それは最低基準額なので生活費には足りません。しかし、老後のためにと議員二期目の間に貯蓄をしました。預貯金と年金を合わせれば何とか死ぬまで質素な生活もぎりぎり可能です。たとえこの先さらに二〇年の命が与えられたとしても。

今の時代、社会から隔絶した生活を送ることは不可能です。最低限の食べ物や生活用品を購入し光熱費などを支払うことも必要です。私にとって有り難いのは、家事に加えそれらすべての雑用を幸子に任せられることです。幸子が我が家と外の世界の窓口係でもあります。身内や友人とはふたりそろって交流をします。メールや電話のコンタクトもとります。それでも私は毎日大半の時間を一人、文筆活動のためにパソコンの前で過ごしています。世界の動きはテレビなどで見守りますが、もはやそれに関与することはありません。私が見る番組は大半が世界各地を紹介する自然番組です。それらを見るとき心爽やかな気分になれます。

二五坪ほどの家庭菜園を夫婦ふたりで管理しています。食卓に載る多くの野菜が自家菜園からの収穫物です。毎日の三食は幸子が主として有機材料を使って料理します。健全な食生活も健康維持に不可欠な秘訣の一つです。

現代社会の中で隠居暮らしをすることは知足安分を是とする限りに於いて、楽しいことです。私にとってこの隠居生活は社会に対する義務感の伴わない自然に従う生き方を続けることを意味しています。お蔭さまで今も言葉では言いつくせないほどの平安と幸福感に満たされた日々が与えられています。心身ともに健康です。毎晩八時間ぐっすりと眠り、朝五時には元気に目を覚まします。午前中は原稿書きに気持ちよく集中できます。今の私の精神は悟りにも似た状態であると言っても過言ではありません。隠居パートナーである妻の幸子も、有り難いことにこの新しいライフスタイルに上手く適応してくれています。彼女も私と同様この生活を満喫しています。これまで議員として歩んできた道も、隠居生活での静かな老後も、彼女の協力のお蔭で楽しく歩み続けることができると信じています。

それでもフィンランド人

湯河原に住んで二〇年の間、フィンランドへの里帰りはわずか二回でした。毎日朝から晩まで塾で英会話を教え、家で使用する言語も日本語と英語だけになったため、私のフィンランド語は速いスピードで錆びていきました。町議会選挙に出馬するというニュースがフィンランドへ届いたとき、フィンランドのマスコミから国際電話でインタビュー取材を受けたのですが、フィンランド語で答えることに難儀して、フィンランド語の質問に英語で答えたほどでした。

それより前、宣教師を辞めて幸子と長野の安曇村で暮らし始めた頃、『源氏物語』をフィンランド語に翻訳していましたが、四巻目の原稿を仕上げてオタワ（Otava）出版社に送ったところ私を落胆させる反応が返ってきました。「残念ながらあなたのフィンランド語にはあまりにも多くの英語表現が混じるようになったので、翻訳の契約を今回限りで終わりにしなければなりません」

幸いにして、政治活動を始めたことがきっかけでフィンランドとの繋がりは復活しました。里帰りの機会も増えてフィンランド語を少しずつ取り戻すようになりました。それでも二〇一三年、フィンランドでタクシーに乗った際、運転手が私のフィンランド語を聞いて次のように評しました。「あなたはフィンランド語を喋っていますが、それは四〇年前のフィンランド語に聞こえます」

里帰りの目的は言うまでもなくパイビ、シニとヨウニと彼らの家族に会うことでした。国会議員を務めていたときの里帰りは議会活動の都合で秋になることが多く、フィンランドでは夏休みが既に終わっていました。それでも私たちが借りた別荘へ子どもたちが週末を利用して家族揃って来てくれました。私の三人の子どもには合計六人の孫がいます。その孫たちも成長し、今は高校や大学の年齢になりました。

前妻のビリピは子どもたちが成人した後、宣教師として再び日本での仕事に就いて名前を旧姓に戻しました。現在は引退後の生活をフィンランドで送っています。彼女とは子どもたちの成人後連絡をとっていないので、私のことをどう思っているかはわかりません。

フィンランドもこの半世紀の間でずいぶんと変わりました。両国の間には似たような社会問題があります。高齢化、過疎化、自殺、ひきこもり（ニート）、離婚率の増加などです。失業者はフィンランドのほうが多く、日本の失業率はそれほど変わらず四～五パーセントを維持しています。

フィンランドの雑誌をネットのデジタル版で読んでいると、ヨーロッパやフィンランドに対するロシアの脅威が懸念されている記事が目立ちます。他方、日本はロシアとの外交を改善しようとしています。それは北方領土問題を解決するためでもあり、また平和条約を締結する条件でもあるのです。

里帰りの間はフィンランドのテレビ番組をよく見るようにしています。テレビを通じて生のフィンランド社会の有り様を知ることができるからです。事実に基づいた勉強になる情報番組が多いことに感心します。他方、日本のニュース番組では事故や犯罪と自然災害が大半を占めています。フィンランドでは大きな事件を除いて、犯罪はほとんどテレビでは報道されません。自然の神秘や美しさを描く番組は両国で多く見られ、イギリスＢＢＣが作成した同じ番組を日本でもフィンランドでも見ることができます。政治を扱う番組は両国ともに多く、特にフィンランドでは風刺的な番組が多いことに驚きました。日本のテレビでは政治を批判的に解説することが少なく、風刺は主に雑誌などの紙媒体に任されています。

日本に住んでいてもタブレットパソコンでフィンランド語の本を読むことができます。古い文学は無料でダウンロードできるので重宝しています。現代文学も手頃な値段で注文できますが、最近のフィンランド文学は興味を惹く作品が少なくて残念です。小説では社会問題を極端に描く必要があるのでしょうが、あまりにも暗いイメージを受けます。しかし私が子どもだった頃の時代を舞台にした小説なら懐かしく読むことができます。

生まれ故郷の北カレリア、特にピエリネンという地域はかつての農村が別荘村に変わっていました。夏の湖にはけたたましいモーターボートのエンジン音が響き、森からは林業の人工的な機械音が喧《やかま》しく唸ります。町と町の間をつなぐ道が森を削った高速道路に変わっています。道路の左右には大きなショッピング・モールやショップが設営されています。小学校時代、ブオカッティ（Vuokatti）という町に隣接する深い森の中でボーイスカウトのキャンプに参加したことがありますが、当時はそのすぐ近くに鉄道の駅がありました。二〇一三年の里帰りの際、私たち夫婦はそこに建つ貸別荘で七週間の休暇を過ごしました。駅はすでになくなっていました。湖畔にはホテルやスパ施設が建っていました。それでも森の中にはいくつものウオーキングコースがあって、散歩中に多くの外国人観光客と出会いました。特にロシア人が多く目立ち、自分の別荘を持ったロシア人がかなりいると聞きました。

里帰りでは生まれ育ったヤーコンヴァーラ村にも必ず立ち寄ります。姉夫婦がそこに持っている別荘で二、三泊滞在します。昔の我が家を朝の散歩がてら見に行きます。道の途中の丘の上に通っていた小学校がまだ残っていますが、学校の役割をずっと以前に終えて、今は一人の同級生が自分の住まいに改造して住んでいます。その学校から実家方面に下った道があるのですが、その下り坂で危うく命を落としかけたことがありました。

ある夏の日曜の朝、村の子どもたちと一緒に自転車で坂の下にある家へ向けて日曜学校に出かけました。私は自分の自転車がなかったので友だちの自転車に乗せてもらいました。ちょうど同じ時間、村の牛たちも行列を作って坂道を下るところでした。ところが行列の牛の一頭が突然道を横切ろうとし、私たちは自転車ごとその牛にぶつかってしまいました。牛も私たちも倒れ、私は頭を道に打ちつけて意識を失いました。気がついたのは自分のベッドの中でした。友だちは軽い怪我ですみました。しかし牛の腹には大きな傷ができたため、結局牛を殺さなければなりませんでした。その事故の「記念」は、今も私の額に傷跡として残っています。

姉夫婦からはヤーコンヴァーラの「運命」についての話をよく聞かされます。我々の子ども時代、村には小さな酪農農家が二〇軒ほど点在し、およそ一〇〇名の住民が暮らしていました。しかし現在村の住民は二〇名ほどで、私たちの家も知らない家族の別荘になっています。父と私が耕した畑は森に還り、居住用以外の建物や牛小屋などは崩れています。これは決してヤーコンヴァーラ村の運命だけではありません。この行政区全体でも多くの村が消滅するか、そうじゃなくても過疎化しています。しかし村の周りの森はそのままで残っています。多くの村人は所有している森を林業会社に売ってしまい、管理が悪くなりました。村の生活が縮小したために、熊を含めた野生動物が村の近くまでやって来るそうです。私が子どもの頃は村で熊を目撃されたなんて話は聞いたことがありませんでした。

私たちがヤーコンヴァーラ村を訪れるのは主に秋です。コケモモ、ブルーベリー、ホルムイチゴ（クラウドベリー）を集めるため、里帰りの度に森へ出かけます。摘んだコケモモ（リンゴンベリー）の実は真空パック保存にして日本に持ち帰ります。今なお忘れ難いフィンランドの最高のご馳走です。姉の夫へイッキとは、一緒に湖で魚釣りもします。ボートから流し釣りでカワカマスを狙うこともあれば、パーチ（ahven）を獲ることもあります。子どもの頃のパーチ釣りは私に義務付けられた仕事の一つでした。放課後になると友だちと一緒に二キロ離れた湖へ釣りに行き、運が良ければ二時間で一〇〇匹くらい釣れました。家では母が首を長くして私の帰りを待っています。獲れた魚は直ちに夕食のおかずとなりました。戦後まもなくの食卓には家の畑から取れたジャガイモや野菜しかなかったので魚は大歓迎されました。

両親の墓はリエクサ（Lieksa）の墓地にあります。里帰りの際は幸子と姉夫婦と一緒にそこへ必ず墓参りに行きます。墓と周囲をきれいにしてからローソクと花を飾ります。墓前に膝をついて心の中で両親に私たちのことを話します。

ヤーコンヴァーラ村は私にとって永遠の故郷であり、広い世界へ旅立つための「糧」を与えてくれました。そして現在も私の生活を見守ってくれています。フィンランドは私の母国であるので、自己紹介では「私はフィンランド生まれの日本人です」と言います。私に「二つの自国」と「二つの異なった文化」が与えられたことは天の恵みです。この恵みがあったから私の人生は豊かなのです。

終わりに

ボーイスカウトのキャンプで合唱する歌に、次のような歌詞があります。

森は僕の教会です
ここでも神様を礼拝することができます

参議院議員に当選してまもなくフィンランドの幼なじみからメッセージを受け取りました。そこには「もしあなたが現在も故郷の森を恋しく思うのなら、森はあなたを見守り、祝福するでしょう」と書かれていました。フィンランドは「森の国」ですが、日本も同じく国土の七割が森の国です。森、すなわち自然は守り神であり、私たちを生かしてくれる源なのです。森がなければ熊も鹿も、そして本来は人間も生きていけないのです。しかし、フィンランドと日本の両国とも自然を崇拝してきた伝統的な信仰は薄れています。逆に、私は年を重ねるに連れて、自然のありがたさをより強く感じています。

本書は鎌倉で執筆しました。フィンランド語で書き上げ、フィンランドの出版社グンメルス社（Gummerus）から二〇一五年秋に出ました。フィンランド語版のタイトルは『Sinisilmäinen samurai~Suomalaisella sisulla Japanin senaattiin』。直訳すると、「青い目のサムライ～フィンランド人の忍耐力で日本の国会へ」です。

フィンランド人読者を対象に書いたので、日本人にとってはコメ文化やサムライの歴史など、常識的な内容が多々含まれています。それを私がどんなふうに解釈し、母国に向かって紹介したのかを楽しんでいただければと考え、日本語版にも敢えて残しました。しかし、日本語版は改めて日本人読者に向き合う姿勢で臨んだので、大きく生まれ変わりました。私がフィンランド語をいったん日本語に訳して加筆修正し、妻の幸子が日本語に誤りがないかを丹念にチェックし、編集者の坂脇秀治さんが一年を掛けて原稿を磨き上げました。まるで有機農業のように手を掛けて育て、三人の循環の輪で本書は結実しました。

一九九二年に神奈川県湯河原町の町会議員になったときから、幸いにして私の政治活動はマスコミで報道され、その後は個別のテーマに応じて本を出してきました。しかし、自身の半世紀に及ぶ日本での生活や政治家になって以降の全体像がまとめられた自叙伝はありませんでした。この本を書くことは私にとって、大きな挑戦と喜びでありました。日本に住みながら日本人として、かつフィンランド人の視点からも描くことができるという立場は、恵まれたことだと思っています。

子どもの頃によく聴いていた一つの讃美歌の言葉が今も心に響いています。

〈世界の苦しみや危機は、人が考えるよりもひどいものです〉

本来は啓示的な讃美歌の歌詞にこのような社会的な一節があって、それから七〇年が経っても覚えているというのは、幾重にも不思議な気がします。

世界の危機や日本の苦しみについて一冊や二冊の本を書くことは可能ですし、その苦しみを和らげる解決策を提示することは易しいことです。が、仮にそれが正しい案だとしても、国民の過半が一致して取り組むことが不可決で、伝統的な信仰が崩壊したに等しい現代に於いてはますます容易なことではありません。それでも私は「至誠天に通ず」という箴言《しんげん》を信じ、未来を信じています。

鎌倉の自宅にて　ツルネン　マルテイ

ツルネン・マルテイ（弦念 丸呈）

1940年4月30日、フィンランドの北カレリア地方生まれ。1964年、ヘルシンキ郊外のルーテルカレッジ3年コースを修了。1967年12月、キリスト教会の宣教師として来日。1974年に宣教師を辞職して心機一転、長野県安曇村に転居する。翻訳と英語塾で生計を立てながら、1979年5月、日本に帰化。1992年神奈川県湯河原町町議会議員に当選する。1995年、参議院議員選挙に初めての挑戦。2002年に大橋巨泉議員の辞職に伴って、繰り上げ当選で参議院議員になる。2007年、参議院議員選挙に全国比例区で出馬して再選。2013年の参院選で落選し、政界を引退。
著書に『日本人になりたい』（1993年、祥伝社）、『青い目の国会議員いまだ誕生せず』（1995年、ベネッセ）、『ツルネンの人と地球のエコライフ』（2008年、原書房）、『自然に従う生き方と農法　ルオム』（石井茂氏との共著。2009年、戎光祥出版）、『ツルネンさんのルオム的生活のすすめ』（石井茂氏との共著。2011年、宮帯出版）、『フィンランド人が語るリアルライフ』（2014年、新評論）他多数。フィンランド語翻訳書は『源氏物語』（紫式部）、『好色五人女』（井原西鶴）、『氷点』（三浦綾子）他。

使命 MISSION　ツルネン・マルテイの自叙伝

2017年12月20日　初版発行

著　者　ツルネン・マルテイ
発行所　株式会社 **皓星社**
発行者　晴山生菜
編　集　坂脇秀治
〒101-0051　東京都千代田区神田神保町3-10
宝栄ビル6階
電話：03-6272-9330　FAX：03-6272-9921
URL http://www.libro-koseisha.co.jp/
E-mail：info@libro-koseisha.co.jp
郵便振替　00130-6-24639

印刷・製本　精文堂印刷株式会社

ISBN978-4-7744-0648-0 C0095